The History of Western Management Thought

西方管理思想史

苏 勇 等编著

图书在版编目（CIP）数据

西方管理思想史 / 苏勇等编著 . —北京：机械工业出版社，2023.6
ISBN 978-7-111-73067-5

I.①西… II.①苏… III.①管理学 – 思想史 – 西方国家 IV.① C93-095

中国国家版本馆 CIP 数据核字（2023）第 072700 号

机械工业出版社（北京市百万庄大街 22 号　邮政编码 100037）
策划编辑：吴亚军　　　　　　　　　责任编辑：吴亚军
责任校对：丁梦卓　李文静　　　　　责任印制：郜　敏
三河市宏达印刷有限公司印刷
2023 年 8 月第 1 版第 1 次印刷
170mm×230mm・17.25 印张・1 插页・197 千字
标准书号：ISBN 978-7-111-73067-5
定价：59.00 元

电话服务　　　　　　　　　网络服务
客服电话：010-88361066　　机　工　官　网：www.cmpbook.com
　　　　　010-88379833　　机　工　官　博：weibo.com/cmp1952
　　　　　010-68326294　　金　书　网：www.golden-book.com
封底无防伪标均为盗版　机工教育服务网：www.cmpedu.com

PREFACE ◂ 序言

编写一本《西方管理思想史》是我多年以来的心愿。

虽然我在16年前曾主编过《当代西方管理学流派》（由复旦大学出版社于2007年出版）一书，该书被列入"普通高等教育'十一五'国家级规划教材"，但总觉得意犹未尽。随着经济、社会的迅猛发展，管理学理论和实践也在不断发展，新思想、新理论、新方法层出不穷。如何从这些成果中汲取养分，用于指导当今管理实践，以应对错综复杂的不确定环境，使企业赢得竞争优势和实现可持续发展，是我一直在思考的问题。

管理，无论是理论还是具体的管理方式，都是一种文化的积淀和表现。任何一个社会或组织的管理，都不是无源之水，无本之木，它们的管理理念、方法、手段，都是相应社会或组织历史传承的产物。无论是管理主体与客体，还是管理者与被管理者，无不受到所在社会或组织文化传统的影响。"管理并不是一种封闭的活动，虽然管理者是在一套特定的文化价值体系和机构内经营组织与做出决策的。管理具有开放系统的特征，在此，管理者能够影响他们所处的环境，反过来，他们也被环境所影响。"㊀ 而对文化表现的现代性来说，任何组织的管理方式又都是当代文化的体现，在管理活动中体现出来的各种形式的管理过程，都反映了当代文化的特点，带有时代的印记。

管理是一种文化，历史是文化表现的一种重要内容。英国哲人培根曾说过："读史使人明智。"要做好当代管理，离不开对历史经验的学习和借鉴。历史蕴含着经验与真知。学习历史，不是为了当作展示儒雅、炫耀渊博的一种资本，也不只是为了掌握过去。我们了解昨天，更重要的是为了把握今天、创造明天，是为了充实自己的头脑，获得宝贵的人生启迪。历史是文化的载体，文化是历史的血脉。当文明曙光初现时，人类就已经开始了管理的实践，但直到过去的100余年里，管理作为一种系统的学问才被认识、分析、总结和传授，才有了自己的独特范式。仔细研究管理思想和实践的历史，无论是成功的经验抑或是失败的教训，都有助于我们把握管理学的发展脉络和未来趋势，更有助于管理学的推陈出新、生生不息和茁壮成长。

构建中国管理模式，现在已受到众多学者和企业家的高度重视，而构建中国管理模式的主要原则之一，我认为是"中西兼容，古今相通"。自从被尊为"科学管理之父"的泰勒于1911年出版《科学管理原理》一书以来，经历100多年的发展，西方管理学者在市场经济不断发展和企业不断壮大的过程中，提出了诸多管理理论。这些管理理论指导着企业不断完善和发展，为人类社会进步创造了巨大财富，彰显出理论的巨大价值。就管理实践而言，在西方国家的长期发展历程中，得益于先进的科学技术、雄厚的经济实力以及不断提升的管理水平，很多世界性大

㊀ 雷恩.管理思想史：第5版[M].孙健敏，黄小勇，李原，译.北京：中国人民大学出版社，2009：5.

企业诞生了，这些企业成为全世界企业学习的标杆，向世人展示了它们管理的成功之处，因此获得了管理学界和实践界的公认。当代社会，文化领域的话语权往往与经济发展状况密切相关。西方经济发达国家在许多方面处于领先地位，它们在学术文化领域的话语权也就相应强大。不仅自然科学是如此，社会科学也是如此，而作为与经济增长及企业发展息息相关的管理学领域则更是如此。在中国改革开放的40多年中，西方管理学理论给中国企业的发展带来了丰富的理论养料，中国企业借鉴理论和实践领域的优秀成果，并立足中国情境探索创新，取得了长足进步。

管理学大师彼得·德鲁克对于管理问题曾经有过一段精辟的论述："管理是关于人类的管理，它的任务就是使人与人之间能够协调配合，扬长避短，实现最大的集体效益……因为管理涉及人们在共同事业中的整合问题，所以它是深深地植根于文化之中的。管理者所做的工作内容是完全一样的，但是他们的工作方式却千差万别。因此，发展中国家的管理者所面临的一个基本挑战就是，如何发现和确定本国的传统、历史与文化中哪些内容可以用来构建管理，确定管理方式。"㊀

中国社会历史悠久，长期以来，中国社会发展中的管理思想光芒一直在闪现。无论是国家层面的宏观管理，还是区域、组织层面的中观、微观管理，具有东方色彩的中国管理思想始终发挥着特有的作用。虽然在漫漫历史长河中，中国管理思想未形成规范系统的理论体系，但其中的价值经过千百年的文化洗礼，依然闪耀着熠熠光芒。因此，构建中国特色管理学理论或中国管理模式，是当今中国管理学者和企业管理实践者的当务之急。习近平总书记2016年5月17日在哲学社会科学工作座谈会上指出：

㊀ 德鲁克.德鲁克管理思想精要[M].李维安，王世权，刘金岩，译.北京：机械工业出版社，2019：10.

我们的哲学社会科学有没有中国特色，归根到底要看有没有主体性、原创性。跟在别人后面亦步亦趋，不仅难以形成中国特色哲学社会科学，而且解决不了我国的实际问题。

在中国当前的经济转型与发展中，各类组织的管理中出现了许多新现象和新问题，这些问题仅靠西方管理理论与方法是无法解决的。中国社会科学要建立自己的特色，要解决中国社会发展中的现实问题，就必须在借鉴西方先进管理理论的同时，立足广袤的中国大地，从博大精深的中国文化中提炼出自己的管理理论，贡献中国管理智慧，推动构建中国特色管理理论和管理模式。

学是为了用，借鉴西方管理学理论十分重要，但终极目标是要构建中国特色管理学理论体系。而要更好地借鉴西方管理学理论，首先就要透彻地了解和掌握这一理论体系，这正是本书编写的初衷。本书不仅可供管理学及相关专业的本科生、研究生作为教材使用，也可供社会各界从事管理工作以及对管理感兴趣的人士阅读学习。为此，我在写作过程中尽量避免使用过于学术性的语言，以便增加本书的可读性和趣味性。

复旦大学管理学院博士生魏家燊协助我收集资料，撰写和修改了部分初稿，并帮助整理书稿插图，为本书做出了很大贡献。复旦大学东方管理研究院的赵海龙博士也提供了相关资料，以协助充实本书的内容。在此，谨向他们表示衷心的感谢。在本书编写过程中，参考并引用了多位杰出学者的作品和网络等渠道的公开资料，也在此表示感谢。此外，还要衷心感谢机械工业出版社资深编辑吴亚军先生，是他长期的关注和鼓励，才有了本书的问世。

行文至此，又想起费孝通先生的一句名言："各美其美，美人之美，美美与共，天下大同。"这对学习和借鉴西方管理学理论，为我所用，构建中国特色管理模式来说，也是非常合适的。

让我们共同为中国管理学科的繁荣做出更大贡献！

苏 勇

复旦大学管理学院教授、博士生导师

中国企业管理研究会副会长

2023 年 1 月

目录 ▶ CONTENTS

序言

第一篇　古典管理思想　　1

第一章　早期管理思想　　2
第二章　科学管理思想的诞生与发展　　22

第二篇　近代行为科学理论　　53

第三章　霍桑实验　　55
第四章　需要层次理论　　66
第五章　双因素理论　　74
第六章　成就需要理论　　82
第七章　期望理论　　91
第八章　公平理论　　99
第九章　强化理论　　105

第十章	归因理论	114
第十一章	综合激励理论	122
第十二章	人的本性理论	128
第十三章	领导风格理论	136
第十四章	管理方格理论	142
第十五章	权变理论	152

第三篇　现代管理思想丛林　161

第十六章	管理过程学派	162
第十七章	社会系统学派	169
第十八章	决策理论学派	175
第十九章	经理角色学派	184
第二十章	经验主义学派	194

第四篇　当代管理学说　209

第二十一章	战略管理理论	210
第二十二章	企业文化理论	225
第二十三章	平衡计分卡理论	238
第二十四章	学习型组织理论	246
第二十五章	组织研究的新视角、新建构	254

第一篇

古典管理思想

  管理无处不在。在历史长河中,只要涉及各种有意识的行为主体,无论是个人、集体,还是组织,都需要管理。虽然规范意义上的管理学直到 20 世纪初期才出现,但是各种管理行为早就自然而然地存在于社会之中,蕴含其中的管理思想,也同样存在于每一个时代的哲人的思想体系之中,无论是苏格拉底、柏拉图、亚里士多德等闻名遐迩的哲学家,还是亚当·斯密、罗伯特·欧文等经济思想家,在他们内涵极为丰富的思想体系中,都蕴含着管理思想的宝藏。当时光的车轮缓缓驶过,管理科学的开创者泰勒则开启了管理学的创建时代,被誉为"科学管理之父"的他让管理学登堂入室,跻身学科之林,开始有了学术名分,逐渐成为一门有着科学光环的学问。

  我们要了解管理思想的起源,就要循着哲人的足迹溯源而行,探索管理思想的源泉,如此方能一窥堂奥,厘清管理思想发展脉络,看清学科走向。

  让我们开始这次学术之旅吧!

CHAPTER 1
第 一 章

早期管理思想

  古希腊作为西方文明的发源地之一,孕育了欧洲文明。尤其是在希腊-波斯战争(Greco-Persian Wars)后,古希腊地区的经济生活和科学技术高度繁荣,古希腊文化也因此步入灿烂辉煌的时期,硕果累累,并对后世产生了深远的影响。古希腊人在社会诸多领域都颇有建树,其中,最为出名的便是哲学、艺术、建筑、科学、文学等领域。就连恩格斯也称赞道:"没有希腊文化和罗马帝国所奠定的基础,也就没有现代的欧洲。"㊀

  经济、科学和哲学进步都促进了管理思想的发展。古希腊人渴求知识,他们在诸多领域中寻求真理,大大推动了学术和科学进步,在

㊀ 马克思,恩格斯. 马克思恩格斯全集:第二十六卷[M]. 2 版. 中共中央马克思恩格斯列宁斯大林著作编译局,译. 北京:人民出版社,2014:189.

管理方面也不例外。"希腊人逐渐意识到社会问题实际上是人类自身引起的，而且只有人类才能解决。"㈠虽然目前所能找到的古希腊文献对管理原理没有留下多少直接的洞见，但我们可以从其他方面了解到管理思想的孕育和发展，诸如雅典城邦、议会、法庭记录中都可以窥探到管理的端倪。在工商业越发达的地区，内部斗争也就越为激烈。为了缓和矛盾，人们必须进一步完善组织生产方式，由此也促进了对人性和自然的认知，因此古希腊的改革家、思想家最先产生在经济发达地区。其中苏格拉底、柏拉图和亚里士多德最具有代表性。

苏格拉底的管理思想启蒙

苏格拉底（Socrates，前469—前399）是古希腊哲学的重要标志性人物。在苏格拉底看来，研究物质世界的结构和规律、构造与法则，探索外部世界的本质，固然具有一定的意义，但对哲学家来说，最重要的征途未必是"星辰大海、诗与远方"，而是有比树木、岩石和星辰更有价值的问题——人类的心灵、道德和知识问题，这些问题与人本身密切相关。那句耳熟能详的"认识你自己"（Know yourself）便是苏格拉底引用的德尔

苏格拉底
古希腊哲学家，将哲学引到对人类自身和心灵的关注上

㈠ 徐新. 西方文化史[M]. 3版. 北京：北京大学出版社，2020：53.

斐阿波罗神庙上所镌刻的神谕，意为号召世人通过心灵的思考和关怀来追求美德。

"管理无处不在"，这个现在被公众普遍接受的观点，早在大约2 400年前苏格拉底就已经意识到了。苏格拉底认为，管理具有普遍性。他认为管理技巧应当是相通的，小到家庭私事，大到国家治理，只存在管理体量上的差别，而本质并无区别。那些知道如何雇用和领导别人的人，往往能成功地处理好私人与公共关系，而失败的领导者通常会在管理这两种关系时犯错。苏格拉底认为，如果一个人不能处理好他的家庭关系，他就不能处理好他的公共关系，如社会中的同事关系。反之，若一个人能管理好他的私人事务，那他肯定也能对公共事务的管理得心应手。因此，重要的不是你在管理什么，而是你是否具备管理的技巧。

同时，在国家管理上，苏格拉底主张"专家治国论"。彼时，古希腊人普遍实行抽签投票的民主制度，但苏格拉底认为各行各业都应该由受过训练和教育的人来管理，而不是由所谓的"抽签民主"产生相应的领导者。术业有专攻，只有熟悉航海的人驾驶船只才能不在大海上迷失方向，从而到达预定的彼岸，同样，只有那些真正懂得管理的人才能让社会和国家踏上繁荣的正轨。让专家治家、治国才是国家管理的最优选择。

苏格拉底无疑引发了早期文明中的管理思想萌芽，他的"专家治国论"也颇具管理的实际价值。但是不可否认的是苏格拉底忽视了管理的特殊性。管理虽然具有一定的普遍性，但它更是一项专业性极强的工作，家庭管理和国家管理存在巨大差别，因此不能将私人事务和公共事务管理混为一谈。然而非常遗憾的是，由于苏格拉底的巨大影响力，雅典人听从了他的建议，频繁轮换军事和市政领导者，以寻找更合适的管理者。这种管理的动荡导致雅典人在面对马其顿国王腓力二世的军队时混乱失序,最终束手无策。因此,苏格拉底的管理思想虽有启蒙意义,他也首先提出了"辩证"的思想,但颇为遗憾的是,面对管理的本质时,他并没能做到正确地辩证看待。

柏拉图的智者治国论

柏拉图(Plato,约前428—前347)出生于雅典贵族家庭,是苏格拉底的早期学生。苏格拉底因被安上破坏宗教和毒害青年的罪名而被雅典当局处死后,柏拉图开始旅行,试图实现他的贵族政治理想。公元前387年,柏拉图在政治斗争失败后回到雅典,建立了名为"阿卡德米"(Academy)的学园,直到逝世,他都在这里讲学和撰写哲学对话录。柏拉图的对话录共有40余篇,涉及内容非常广泛,包括政治、伦理、文学、教育和当时争论非常激烈的哲学问题。其中,他最著名的作品是:

柏拉图
古希腊哲学家,柏拉图思想、柏拉图主义、柏拉图式爱情等都与他有关

- 《理想国》,体现了他的政治纲领;
- 《斐德若》,讨论了修辞学和辩证法;
- 《会饮》,讨论了审美教育;
- 《法律》,主要描述了理想国的社会组织。

在管理思想方面，柏拉图对人类的多样性以及这种多样性如何导致劳动分工进行了评论："我提醒我自己，我们并不完全一样：我们的本性存在多样性，这使得我们适合不同的职业……而且，我们能够推断出如果让一个人做一件最适合他的事情，并且在正确的时间做这件事和放弃其他任务，那么所有事情都能更加轻松地完成，完成得更彻底，完成的质量也更好。"㊀由此可见，他认为人的多样性决定了每个人都有适合自己的职业，而这种多样性也将导致劳动分工，提高社会生产的效率。

在《理想国》一书中，他更进一步地延伸了这一理念。他将人们分为三个等级，分别是卫国者、士兵和普通人。

一是卫国者，即治理国家的哲学家。他们的工作是用自己的智慧来治理国家。与大多数古希腊哲学家的观点相同，柏拉图认为闲暇是产生智慧的主要条件，所以那些不得不以从事体力劳动为生的人很难有管理的智慧，只有那些有独立生活资料的人才有可能富有智慧，或者由国家支付费用而不关心生活的人才有闲暇去寻求智慧。他认为这些人才有资格成为卫国者，贤者才有可能成为哲学家。柏拉图相信只有哲学家才能辨明真理，拥有美德，拥有知识，公正地治理国家。

二是士兵。他们的作用是用自己的力量帮助管理者实施暴力和防御，以确保各行各业从业人员的安全。

三是普通人。他们由工匠、农民、商人和各行各业的其他人组成。他们通过自己的辛勤劳动为国家提供物质财富，并接受上面两个等级的统治。

㊀ Plato, Republic, trans lated by Benjamin Jowett. Great Books of the Western World, vol.7, bk2 (Chicago: Encyclopedia Britannica, Inc., 1952), p.317.

除此之外，柏拉图还强调了管理者在管理活动中的功能与地位。他强调，管理者本身的智慧非常重要，因此要想实现理想国家，就必须让一位集政治大权又极富智慧的"卫国者"即哲学家成为统治者。这也可以说是柏拉图管理哲学的核心。

亚里士多德的科学方法与管理伦理

亚里士多德（Aristotle，前384—前322）是世界古代史上最伟大的哲学家、科学家和教育家之一，他被世人一致认为是古希腊哲学的集大成者。马克思曾公开表明亚里士多德是最有学问的古希腊哲学家，恩格斯则将他誉为"古代的黑格尔"。

作为西方最有学问的思想家之一，亚里士多德被称为百科全书式的学者。他讲究严谨务实，他的学术思想充分体现了他的治世之道。亚里士多德生活在一个政治斗争激烈、制度变迁频繁、局势动荡不安的社会。在这样的社会背景下，他更加注重制度建设和纠纷的解决，这也是他管理思想的主旨之一。在他的《政治学》一书中，涌现出了许多重要的管理思想，在一定程度上揭示了管理者与被管理者之间的关系，具体包括以下内容。

亚里士多德
世界古代史上最伟大的哲学家、科学家和教育家之一，古希腊哲学的集大成者

（1）关于劳动力专门化的问题。如果能让工

人全身心投入，而不是分散注意力，那么每一项工作都会做得更好。因此管理者需要吸引工人工作时的注意力，让他们从事专业化的工作，而不要将工作设计得过于零散。

（2）关于部门化的问题。每个部门都应该有专门的具体职能，工作的分配应该按照部门处理的事务来划分。这为职能化管理和部门分工提供了先驱思想。

（3）关于集权、分权和授权。针对古希腊状况，亚里士多德发现地方法庭的权力是非常模糊、没有界限的。地方法庭对哪些事务拥有权限？哪些事务的权力应该被集中？例如，是应该由某个人维持市场秩序，而由另一个人维持其他某个地方的秩序，还是应该由同一个人负责所有地方？这些权力的分配应当有具体的规划和边界。

（4）关于管理之间的配合。亚里士多德提出："整体当然优于局部。"因此管理者应该考虑整体的功能，发挥整体的效益，具有全局眼光。

（5）关于领导力。亚里士多德认为只有学会服从，才有可能成为一名优秀的指挥官。[一]因此管理者首先得学会服从。卑微的人服从恐惧，高尚的人服从爱，那么优秀的管理者也有一些需要服从的东西，如善良、规则等。

值得我们关注的是亚里士多德的管理伦理，他的伦理思想不仅包括"家务管理"，还包括整个古希腊社会的城邦管理和城邦之间关系的调节。管理伦理是管理与伦理的结合，它包括管理活动中形成的伦理关系、协调和处理这些关系的伦理原则与规范以及相应的行为活动，

[一] 柯彪.亚里士多德与《政治学》[M].北京：人民出版社，2010：32.

它的实质是管理实践与伦理功能的有机结合。亚里士多德的管理伦理可以分为微观、中观和宏观三个层面：

- 微观层面是他在管理伦理理论中提到的"家务管理"；
- 中观层面是他在城邦管理过程中产生的管理伦理理论基础；
- 宏观层面是他对古希腊社会城邦调整伦理关系的理论反思。

亚里士多德认为，要实现社会正义，维护共同利益，不但要依靠道德的力量来控制人们的欲望，而且要制定完整、良好的法律法规。亚里士多德的管理伦理思想对构建现代管理伦理体系具有深刻的启示。

马基雅维利的专制管理思想

尼科洛·马基雅维利（Niccolo Machiavelli，1469—1527）是意大利政治家和历史学家。他出生在一个没落的佛罗伦萨贵族家庭，并在佛罗伦萨共和国十人议会中担任了14年的秘书。面对当时意大利的封建割据状态和文明困境，马基雅维利以充沛的爱国热情积极参与政治。后来由于遭受政治迫害，他转向文学和政治理论的研究。他

尼科洛·马基雅维利 意大利政治家和历史学家，主张为达到目的可以不择手段

所撰写的《君主论》(*The Prince*)、《战争艺术》(*The Art of War*)、《佛罗伦萨史》(*Florentine Histories*)等著作，很多都闪耀着管理思想的智慧。

他最著名的思想便是经典的"马基雅维利主义"——为达到目的可以不择手段，因此，该主义也成了权术和谋略的代名词。但事实上，它可以被分为高马基雅维利主义和低马基雅维利主义。高马基雅维利主义的个体重视效果，远离情感，相信结果可以为手段进行辩护。所谓不择手段，其实指的是高马基雅维利主义。低马基雅维利主义的个体容易受别人的意见影响，不会盲目地强迫别人接受自己的意见。

马基雅维利对人性的假设也对管理学产生了深远影响。他把"对权力的欲望"和"对财富的贪婪"视为人性的基础，主张"人性本恶"。马基雅维利认为人类是愚蠢的，人们总是有填补不满的欲壑和扩张财富的野心，永远是利益导向、趋利避害、自私自利的。因此，利他主义和正义是不会自发存在的，人们偶尔做好事只是一种伪装，动机是获得名誉和利益。

基于这种人性假设，马基雅维利提出了他的"君主论"。之前，思想家普遍认为君主需要具备善良、仁义的品质和智慧，但是马基雅维利恰恰相反，他认为君主（即最高层管理者、统治者）需要的是威望和残酷，而不是仁义和爱戴。统治者在管理活动中应当表现得像狮子、狐狸一样——像狮子一样残忍，像狐狸一样狡猾，习惯于作恶，不要因为被指责残酷而徒增烦恼。马基雅维利还指出，受人畏惧要比受人爱戴好，君主受人敬畏会更安全稳妥、更有保障，而且有利于统治。但有时也需要让百姓相信君主"集美德于一身"，也就是说，至少在公开场合，君主应该在公众面前表现出爱民如子、仁厚仁慈，让别人去实施惩戒和刑罚，最后可以找替罪羊，嫁祸于别人，以免自身被百姓谴责。奖励则应该亲自去做，不要让下属擅自施行私惠。在实行打击时要斩草除根，不可让被打击之人有报复的希望；在施人恩惠的时候则要循序渐进，让被施惠之人对未来的奖励抱有期望。在君主与下属的关系上，君主平时应当做到不动声色，不可轻信任何人，不可向别人吐露心声，不可指望别人对自己完全诚实，更不可把自己的命运和别人绑在一起。同时，君主要避免让下属了解自己，但他要足够了解下属，以便在任何时候都能操纵他。君主应该善于忍受孤独和痛苦，学会怀疑所有的人，组织耳目来监视他们，网罗党羽，排除异己，建立权威来让下属互相监督和牵掣。总之，为了维护君主的地位和最高权力，一切手段都是允许的，也是合理的。⊖

在西方政治史上，没有谁像马基雅维利那样备受争议，也没有谁像马基雅维利那样背负恶名——"恶魔"、强权政治的捍卫者、失意的政客、伪科学主义者等都是马基雅维利收获的评价。正是马基雅维利学说的非道德主义使他声名狼藉，但这些都体现了当时背景下统治和管理的指挥哲学，带有浓重的时代烙印。马基雅维利对于"物质利益"、人性的假设以及领导者行为风格的认知也对管理思想的演变产生了重大影响，我们也因此得以借助他的价值取向，撕破某些人道貌岸然的面具，揭示人类内心中的阴暗成分，时刻警醒我们人性中确实存在"恶"的一部分，需要我们辩证对待。

⊖ 马基雅维利.君主论：中英双语本[M].吕健忠，译.北京：中华书局，2018：39.

莫尔的乌托邦思想

托马斯·莫尔
著有《乌托邦》一书

托马斯·莫尔（St. Thomas More，1478—1535）出生在英国伦敦的一个富裕的家庭。他从小就接受了良好的教育，在牛津大学求学并毕业，曾任诸多地位显赫的职位，如律师、国会议员、财政副大臣、下议院议长和大法官。因反对亨利八世兼任教会领袖，莫尔在1535年被处决。他是欧洲早期空想社会主义学说的奠基人、杰出的人文学者和经验丰富的政治家，以他的代表作《乌托邦》而闻名遐迩。

《乌托邦》的全名是《关于最完美的国家制度和乌托邦新岛的既有益又有趣的金书》，这本由拉丁语写成的书是在1515—1516年莫尔前往欧洲期间完成的。《乌托邦》虚构了一个航海家旅行到一个奇怪但又富有异国情调的岛国的故事。莫尔正是用想象的海外奇闻轶事作为题材，揭示了资本主义社会的黑暗，表达了他对消灭剥削、追求美好生活的向往。书中的管理思想主要体现在他对英国现实的批判和对未来社会的构想上。

"乌托邦"这个词来自希腊语，原本的意思是"一无所有的土地"。这个词首先被莫尔用来表示一个幸福、理想的国家。他是这样描述乌托邦中的生活的：乌托邦是南半球的一个岛国。在那个地方，社会实行财产公有制，人民在经济权力和政治权力上完全平等，实行按需分配。拥有私人财产是被禁止的，岛上的人民每十年就会轮换一次房子，他们穿着统一的工作服和公民装，轮流在农村工作两年，在公共餐厅吃饭。官员通过无记名投票选举产生，并且他们的职位无法世袭。人民每天工作六小时以满足社会需要，其余时间可以根据个人兴趣从事科学、艺术活动，也可以进行游戏、娱乐和休息。在那里，没有商品和货币的关系，黄金和白银被用来制造马桶、水槽。乌托邦主义者还推行一夫一妻制和宗教自由的政策。通过构造这样一个虚幻的岛屿，莫尔的结论很明确：私有制乃是万恶之源。私有制导致"所有最好的东西都落入最坏的人的手中，而其余的人则陷入赤贫"。因此，只有彻底废除私有制，社会才能做到公正、平均地分配财富，人们才能享受到真正的福利。⊖

莫尔在《乌托邦》中批判了新生的资本主义关系，描述了人们被剥削的痛苦，因为目睹了那个时代的黑暗，所以他对公有制生活充满了幻想，他对于圈地运动的阐述成为马克思的《资本论》中资本主义原始积累时期野蛮行径的参考材料。当然，在那个时代，莫尔无法理解资本主义的历史意义，更无法指出实现理想制度真正科学的途径。他描绘的乌托邦只是一种幻想和向往。但莫尔在乌托邦中所体现的统一管理原则、社会分工和按需分配制度对现代企业的管理具有一定的启示意义。

⊖ 考茨基.莫尔及其乌托邦[M].关其侗，译.北京：华夏出版社，2015：78-79.

斯密的经济与管理思想

亚当·斯密
英国著名的经济学家、哲学家、作家,著有《道德情操论》《国富论》

亚当·斯密(Adam Smith,1723—1790)是英国著名的经济学家、哲学家、作家,可能大家熟知他是由于他在经济领域的巨大贡献,殊不知他在管理思想领域也享有盛名,值得浓墨重彩地书写一笔。

1723年,斯密出生于苏格兰的一名海关官员之家。他年轻时便展现出过人的天赋,从小聪明好学,14岁时便考入了格拉斯哥大学(University of Glasgow),主修多门课程,包括拉丁语、希腊语、数学和道德哲学。17岁时,斯密转学到牛津大学,于1748年毕业,然后在爱丁堡大学任教并讲授修辞学和文学。3年后,他选择回到母校格拉斯哥大学任教,在此期间,他修订了伦理学课程的讲义并于1759年出版,名为《道德情操论》,这部著作为他赢得了很高的声誉。1764年,斯密应巴克卢(Buccleuch)公爵的邀请离开格拉斯哥大学前往欧洲大陆。一路的旅行以及与许多学者的沟通交流,促使斯密在经济学理论上更加体系化,也更趋于成熟。又过了3年,斯密选择回到伦敦,并被选为皇家学会会员。为了完成他的研究,斯密回到家乡柯科迪(Kirkcaldy),开始致力于经济学专著的写作。天道酬勤,经过6年的写作和3年的修改，他终于完成了名著《国富论》。《国富论》的出版标志着古典自由主义经济学从此诞生。虽然斯密在《国富论》的写作过程中积劳成疾，但他依然笔耕不辍，先后又完成两部有关哲学和经济学的著作，最终在1790年逝世于苏格兰爱丁堡。

亚当·斯密是公认的古典经济学鼻祖，多部著作奠定了他在经济学领域的大师地位，但他在管理学领域的影响力却十分微妙。因为管理学和经济学的密不可分，所以斯密的经济学理论在一定程度上为管理学的诞生奠定了理论基础。

（1）"经济人假说"。这个假说源自《国富论》中的一段话："我们日常所需的食物和饮料不是来自屠夫、酿酒师和面包师的恩惠，而是来自对他们自身利益的考量。这不是说他们没有利他主义，而是因为他们这么做对自己有好处。"亚当·斯密认为人的本性是懒惰且自利的，正是人们主观上对自身利益的追求，在客观上提供了满足他人需求的产品和服务。也就是说，受自利因素的驱动，每个人都会将拥有的各种资源投入经济行为之中，而市场会自动对这种种经济行为进行调节，在宏观上达到整个市场环境的平衡。有一种研究观点认为，亚当·斯密撰写《国富论》时，曾受到中国道家学说创始人老子的《道德经》的影响，因而斯密主张自由经济，反对干预和控制。他提出市场作为"看不见的手"可以在无形之中调节经济活动，这与《道德经》中"无为而治"的思想不谋而合。今天我们已经难以考证这种说法是否持之有据，但两种思想在哲理上的相通是毋庸置疑的。从管理学角度而言，管理者必须深知市场在资源配置和行为激励中的强大作用，并通过制定相应规则来推动此类经济活动，不必去干涉每一个经济活动参与者的具体选择和行为，而是让市场来自动进行调节。

对管理学来说，管理人是最难的。管理者必须从人的本性出发，探究被管理者行为的动机，以此来构建相应的理论和方法体系，即人性假设是理论和方法体系的前提。之前提到的马基雅维利认为人性本恶，是对人性最初步的探讨。而斯密的"经济人假设"也影响了此后的众多管理理论，无论是泰勒还是法约尔，他们的理论都以"经济人假设"为逻辑前提，从而衍生出一系列管理思想。正是在人性的层面上，管理学甚至曾被人们看作经济学的分支领域。即使管理学获得了学术上的独立地位后，也与经济学密不可分，互相呼应。行为科学诞生后，管理学领域虽然以"社会人假设"对"经济人假设"提出了挑战和质疑，但并没有改变"经济人假设"的主流地位，反而推动了这种人性假设的不断完善和发展，甚至逐渐向其他学科渗透。1986年，诺贝尔经济学奖得主詹姆斯·M. 布坎南（James M. Buchanan, Jr.）利用"经济人假设"来研究政治决策，提出了公共选择理论，正是基于管理学中的人性假设的思想。直至当今时代，管理学领域几乎所有的学派仍绕不过斯密对于人性假设的理论铺垫。

（2）劳动分工理论。早在古希腊就有先贤提出劳动分工的管理思想，而斯密对这一思想做了更加系统的论述。斯密认为，劳动分工源于人类能力的差异。如果个人根据自己的才能进行专门化生产，并通过交换来交易剩余商品，那么将导致个人财富的增加，最终将扩大社会生产，促进社会繁荣。

斯密认为，分工之所以能提高劳动生产率有三个主要原因。

- 熟能生巧。每个工人的技能都将在不断磨炼中日益细化。
- 降低时间转换成本。从一项工作转换到另一项工作，通常需要耗费大量的时间来适应，用专业化的分工可以节省相应的时间成本。
- 促进发明。许多简化和减少劳动量的机械发明往往只有在劳动分工的基础上才有可能实现，因为对一项任务的掌握使探索提高效率的方法变得容易。

从数学家查尔斯·巴贝奇（Charles Babbage）到工程师泰勒，都秉承了斯密的劳动分工思想。科学管理的一个重要贡献是不仅强调生产技术的分工，而且强调组织结构和管理职能的分工。

同时，斯密将劳动分工的管理思想扩展到国家层面，最终形成了著名的国际分工理论。他认为自由贸易是国际分工的诱因，是建立在先天有利的自然禀赋或获得有利的生产条件基础上的。它可以使一个国家在生产和对外贸易方面处于比其他国家有利的地位。如果所有国家都能根据自己有利的生产条件进行分工和交易，使每个国家的资源、劳动力和资本得到最有效的利用，劳动生产率就会大大提高，交易双方的物质财富也会增加。这一理论的基础是根据各国绝对有利的生产条件进行国际分工，即我们熟知的绝对成本理论。

斯密的"经济人假设"和分工理论共同构成了管理的理论前提和技术前提。虽然斯密不是管理学的奠基人，但管理学与他所开创的思想和理论是绝对分不开的。如果说斯密关注的是企业外部的"交易"，那么，管理学更多关注的是企业内部的"调控"。斯密关注的是顺其自然形成的"自发秩序"，而管理学关注的则是经过管理行为调节的"人为秩序"。两者相辅相成，同一源头向不同方向流淌出经济学和管理学两条理论长河，最终交汇相融，浇灌出新思想的花朵。

欧文的人事管理思想

罗伯特·欧文
英国空想社会主义者,被誉为"现代人事管理之父"

罗伯特·欧文(Robert Owen,1771—1858)是一位空想社会主义者。作为一名英国企业家的同时,他也是一名慈善家。他被誉为"现代人事管理之父",是"人本管理的先驱"。

欧文早年的经历对他的未来产生了深远的影响。比如在他四五岁的时候,有一天他在喝粥时不小心烫伤了胃,这导致他以后只吃清淡的食物,同时他必须仔细观察不同的食物,以免再发生意外。经年累月,欧文养成了注意细节的习惯。因为家庭贫困,所以欧文从小就成了"家庭童工",这段经历使他过早地进入社会。10岁那年,欧文只身一人前往伦敦去寻找他的哥哥。为了谋生,几个星期后,欧文被送到一家服装厂当学徒,在那里待了3年。后来,他尝试了各种各样的职业,从而积累了丰富的跨行业经验。

18岁那年,欧文迎来了人生中一个重大转折点。凭借借来的100英镑,他在曼彻斯特开办了自己的工厂。两年后,他卖掉了工厂,成了一家规模更大的工厂的经理。在工厂里,欧文从小养成的细心观察的习惯发挥了重要的作用。他先是用了约一个半月的时间仔细观察、比较并总结工

欧文设想的新和谐公社㊀

㊀ 参见搜狐网,腾讯研究院发文《空想者的遗产:新和谐公社往事》,2022-12-20。

厂工人的活动，逐渐形成了一系列关于如何管理工厂的想法，然后系统实施自己的管理措施。正是这次工厂管理的实践经验，让欧文深刻意识到环境对人的影响，所以在之后的管理活动中，他便把自己的管理重点聚焦到改善工人的工作环境上。在这里获得的宝贵经验为欧文随后在新拉纳克（New Lanark）工厂进行的实验奠定了重要的基础。此外，童年的贫困经历使他非常关心妇女和童工的权利。1815年，在《论工业体系的影响》一书中，欧文呼吁国会通过一项法案来改善工人的工作条件，引起了当时政界的关注，并成功通过。

欧文的管理思想建立在法国唯物主义"人是环境的产物"的观点之上。他在新拉纳克进行的所有实验都是为了证明，用一个好的环境来取代一个坏的环境，一个人就可以从邪恶中改过自新，成为一个明智、理性和善良的人。因此，可以说正是基于这样一种充满希望和想象的伟大理念，才形成了他超越当时的现实生活、极具个人特色的管理思想。

欧文的管理思想的特点可以概括为以下几个方面。

（1）取消严厉的工人处罚措施，强调人性化管理。根据工人在工厂的工作表现，欧文把他们的品行分为四个等级：恶劣、懒惰、良好和优秀，用涂了黑、蓝、黄、白四种颜色的木板分别来进行表示；每名工人的名字前面都有一块这样的木块，部门主管根据工人的表现对其进行考核，厂长则考核主管。考核的结果展示在工厂的显著位置，让工人一眼就能看到每块木板的不同颜色。这样，每个人都能清楚地知道相应工人的表现。同时，考核辅以越级申诉制度，为的是让工人可以表达自己的想法和情绪。这种管理措施非常利于劳资双方平等沟通，解决矛盾，可以说欧文是层级管理的先行者。不难发现，在此之后各个时期的企业管理，都在不同层面上继承和发展了这种思路与方法。

（2）改善工人恶劣的生活环境，促进身心健康。欧文认为环境会影响人的行为，良好的环境能使人形成良好的行为，不良的环境容易使人形成不良的行为。在工厂里，欧文试图通过改善设备和持续清洁，努力为他的工人营造舒适整洁的工作环境。此外，他还率先将工人的工作时长从一开始的每天13～14小时缩短到10.5小时，这在一定程度上改善了普遍存在的劳动强度过大、工人负担过重的情况。

（3）建立全新的教育体系，实施教育立法。"教育"在欧文的管理思想中占有重要的地位。欧文认为，下一代的教育是最重要的问题，是每个国家的最高利益。这与我们的"少年强则国强"颇有相似之处。"人们在婴幼儿期和童年时所受的教育决定了他们之后会成长为什么样的人。现在如此，将来也是如此。"欧文禁止在他的工厂雇用10岁以下的孩子，并在1816年花费1万英镑，在他的场地上建立了第一所公立学校，这是一所相当接近现代标准的学校，名为"性格陶冶馆"。这所学校是新拉纳克的中心建筑，旨在为2～14岁的孩子提供良好的教育。当然，作为一所公立学校，它不仅负责孩子的教育，还有成人教育班。欧文的教学理念和教育计划在新拉纳克引起了空前的轰动，他创办的公立学校也成了一个向公众开放的社交和休闲中心。此外，讨论其教育思想的著作《论性格的形成》和《新社会观》在社会上广为流传，并得到一些名人的支持。[⊖]

欧文还提出了教育与生产劳动相结合的理论。他的人才培养理论

⊖ 林达.空降美国的"共产村"：罗伯特·欧文的故事之二 [J].新世纪周刊，2012（44）：102-103.

为马克思的教育理论提供了基础，也使他在教育史上占有重要的地位。欧文对管理的贡献则是强调"以人为本"，他摒弃了过去那种把工人作为纯粹的生产工具的做法，注重改善劳动条件，为工人提供优质的工作环境，提高童工的最低年龄，缩短工人的工作时间，在工厂为工人提供餐食，以成本价销售生活必需品给工人等，这些措施都有助于建立管理者与工人之间的友好关系。从结果来看，这些措施的确在某种程度上改善了当地的社会状况。虽然欧文之后领导的以采取集体行动控制生产资料为目的的英国工会运动失败了，但是这位空想社会主义者为后来的时代播下了一批新的种子——关注管理中"人"的因素的种子，开创了人本管理的思想先河。

CHAPTER 2
第 二 章

科学管理思想的诞生与发展

19世纪下半叶，工业革命进入了一个崭新的阶段。这样一个充满复杂性和不平衡性的阶段，是科学技术进步、能源动力变化和劳动关系发展相互交织、共同作用的结果。因为工程师在技术和能源的发展应用中起着至关重要的作用，所以他们变成了管理实践信息的主要来源。其中，一位年轻工程师在管理学科中起到了开创者的作用，他就是弗雷德里克·W.泰勒（又译为泰罗），即为大家所熟知的"科学管理之父"。他所提出的"科学管理理论"，是管理学领域十分重要的学说之一。

泰勒的科学管理理论

弗雷德里克·W.泰勒（Frederick W. Taylor，1856—1915）出生于

费城。他的父亲是桂格股份（Quaker Stock）的律师，因此泰勒家境殷实。1874年，18岁的泰勒通过了哈佛法学院的入学考试，颇为遗憾的是，由于眼疾，他未能入学，有点儿不可思议的是，他转而到一家工厂当了学徒。22岁时，泰勒成为米德韦尔钢铁公司（Midvale steel Works）的一名机械师。因为他的努力工作和出色的表现，泰勒在短短6年时间里就从一名普通的机械师晋升为一名总技师。在米德韦尔的12年里，他屡次开展管理和技术实验，系统地研究、分析和总结了各种工作所要求的操作方法和需要的劳动时间。1890年，泰勒去了一家造纸业投资公司担任总经理；1906年，泰勒成为著名的美国机械工程师协会的主席。泰勒于1915年不幸因病去世，享年59岁。泰勒一生写了很多书，其中最著名的是《计件制》（1895年）、《车间管理》（1903年）和《科学管理原理》（1911年）。

弗雷德里克·W.泰勒集古典管理思想之大成，被誉为"科学管理之父"

1911年，泰勒根据自己从事工厂工作和管理的亲身经历，发表了一部在管理学发展史上具有开创性的著作——《科学管理原理》。泰勒正是以这本书为核心，逐步构建了他的科学管理理论。这本书的出版和科学管理理论的建立，不仅标志着"管理"这样一种人与人在工作中的互动，从此由感性认知走向理性思考和行动，而且正式宣告了一门新学科——管理学的诞生。泰勒因此被尊为"科学管理之父"。

1. 泰勒的管理思想与实践

泰勒的科学管理思想是对古典管理思想的发展。英国管理学家林德尔·厄威克曾经说过：泰勒所做的工作并不是什么崭新的发明，他不过是将整个19世纪在英、美发展起来的事物加以综合，形成了一套完整的新思想，使得一系列看似没有条理的事物和实验有了一个更富有哲学性的体系，并称之为科学管理。

（1）制定科学规范的工作方法。泰勒认为，工人的潜力是非常大的，但人的潜力不会自动激发。所以他提出了疑问：如何将这种潜力最大化？毫无疑问，关于这个问题的答案有很多，而泰勒给出的答案就是总结工人多年积累的经验、知识和技能，找出具有共性的东西，即我们所谓的"规律"，然后加以调节和规范，从而形成一套科学、系统的方法。它的核心是利用该方法重新组织工人的操作方法、劳动工具、作息时间，改善机器设备、环境因素等，消除各种不合理因素，保留和组合最佳因素，最终形成最能激发效率的因素组合。

那么，管理者在科学管理中应该发挥什么样的作用呢？泰勒认为，管理人员最迫切需要学习的便是怎样才能将工人通过长期实践积累的专业知识、工作技能和诀窍收集并记录下来，编制成表格，然后总结成规则甚至是数学公式，之后在整个工厂实施这些规则和公式，使之成为规章制度。泰勒认为，在科学管理的条件下，实施标准化管理才是利用科学知识代替个人经验的最有效的措施，包括工具、过程、行动、环境等方面的标准化。只有实行规范化、标准化，才能有效地提高工作效率，从而对工人的工作绩效进行公平合理的衡量和评价。

为了让每个人都以正确的方式工作，工人不应该沿用传统的经验方法，而是应该由管理者对工人的每一个动作进行科学的研究，总结出科学方法并加以推广。所以，泰勒的行为研究就是把每一个行动划分成许多细微的动作，然后研究每一个动作的必要性和合理性，去除不合理因素，在"经济合理"原则的基础上，简化、改进和巩固必要的行动过程，形成一个标准的行动。基于动作分解和作业分析，泰勒进一步调查了工人完成每一个动作所需的时间，并根据这个时间建立了标准作业方法的时间要求，从而确认了工人每天的合理工作量，即劳动定额。

泰勒不仅提出了标准化的思想，而且将它付诸实践。例如，在铲运实验中，他得出的结论是，铲子一次铲重达 21 磅⊖的重物时铲运效率最高；在 26 年的金属切削实验中，他得到了影响切削速度的 12 个变量，甚至计算出了代表它们之间关系的数学公式……这些都为工作规范化、工具标准化、操作科学化提供了依据。⊖

（2）制定科学的工人选拔和培训方法。要有效地提高劳动生产率，就必须相应地选拔优秀的劳动者，也就是所谓的"头等工人"。

泰勒指出，将工人的能力与工作进行匹配，是健全的人事管理的基本原则。企业管理者的责任是找到最适合工人的工作，通过一系列指导、教育、培训，使他们成为一流的工人，并激励他们把工作做到最好。为了挖掘每个人的最大潜力，管理者必须充分利用每个人的才能。同时，对于任何一份工作，一定要找到最适合这份工作的人，并且一定要最大限度地发挥这个人的潜力，这样才有可能在实际工作中

⊖ 1 磅 ≈ 0.454 千克。

⊖ 泰罗.科学管理原理[M].胡隆昶，冼子恩，曹丽顺，译.北京：中国社会科学出版社，1984：4.

达到最高的效率。

泰勒认为，应当让管理人员来科学地挑选、培训和管理工人。泰勒指出：仔细研究每个员工的性格、气质和表现，找出他们的能力，这是管理者的责任；而更重要的是找出每个员工发展的可能性，逐步、系统地培训、帮助和指导每个员工，为他们提供进步的机会。○

（3）实行激励性的差别计件工资制度。当时的资本主义制度下的企业实行了多种多样的工资制度，如日薪制、一般计件工资制、劳资收入分成制、生产过剩的奖金制等，泰勒对这些制度进行了详细研究。经过一系列的分析，他认为这些不同的工资方案其实没有哪种是最佳的，而是各有利弊，但是这些方案有一个共同缺陷，就是不能充分调动工人的积极性，无法满足效率最大化的原则。例如，在传统的计件工资制度中，虽然工人做得更多，赚得更多，可以实现多劳多得，但超过一定范围之后，资本家会降低工资率，以获得效率提高所带来的好处。在这种情况下，很容易看到，尽管管理者努力让工人增加生产量，但工人却会控制工作的节奏，使自己的收入不超过一定的工资水平。因为一旦超过这一水平，工资率就会下降。工人们也知道这一点，因此会达成默契。

1895 年，泰勒提出了一种特殊的薪酬制度，即"差别计件工资制度"。它的主要内容如下所述。

- 设立专门的薪酬配额部门。这个部门的主要任务是研究计件工资和工时，并对这些内容进行科学的测量和计算，从而建立起一个标准体系，用以确定合理的劳动定额和适当的工资率，最

○ 泰罗. 科学管理原理 [M]. 胡隆昶，冼子恩，曹丽顺，译. 北京：中国社会科学出版社，1984：40.

终改变过去基于估计和经验的行为。
- 制定差别工资率（即根据工人是否完成定额，采用不同的工资率）。如果工人能够保质保量地完成定额，他们将适用较高的工资率来作为鼓励。若工人的生产没有达到定额，则他们只能适用很低的工资率，严重的话会受到警告，甚至被解雇。

例如，某工作定额为10件，完成每件的收入为1元，设定工作完成的工资率为125%，未完成的工资率为80%，那么，若定额完成，工资为 $10 \times 1 \times 125\% = 12.5$（元）；若定额未完成，即使完成9件，工资也仅为 $9 \times 1 \times 80\% = 7.2$（元）。

泰勒将差别计件工资制度的实施总结为：差别计件工资对工人士气的影响是显著的。当工人感到自己被公平对待时，他们会更有勇气、更开放、更诚实，工作起来更开心，这也有助于在工人之间以及工人和雇主之间建立互惠互利的关系。㊀

（4）将计划职能与执行职能分离。泰勒发现，在旧的制度下，所有的程序都由工人根据自己的经验或师父的经验完成，效率是由工人自己决定的。为此，他进一步主张将计划和执行职能分开，在企业中设立专门的计划机构。泰勒所谓的计划职能和执行职能分离，其实就是管理职能和执行职能的分离；专门的计划部门其实就是专门设立的管理部门；所谓"管理层和工人的工作与责任均等分配"，其实就是管理层负责管理，工人负责执行。这将进一步澄清、明确雇主和工人之间的关系，管理者和被管理人员之间的关系。㊁

㊀ 泰罗.科学管理原理[M].胡隆昶，冼子恩，曹丽顺，译.北京：中国社会科学出版社，1984：7.

㊁ 同㊀：21.

2. 泰勒的管理哲学

泰勒在《科学管理原理》一书中这样写道：管理层和工人之间密切合作是现代科学管理或负责任管理的本质。他认为，科学的管理制度和方法能够顺利实施并发挥作用的前提是劳资双方密切的配合。

泰勒宣称：科学管理本质上是要求任何特定机构或行业的工人进行一场颠覆式的心理革命。这一场心理革命旨在重新梳理他们对工作、对同行和对雇主的义务。此外，科学管理还要求管理人员——工头、监工、企业所有者、董事会——对他们管理同事、工人和所有日常问题的责任进行一场全面的心理革命。没有双方这种全面的心理革命，就不可能有科学的管理。他还称：在科学管理中，劳资双方的思想上将发生的革命是，他们将不再专注于剩余的分配，他们将明白，当他们停止相互对立，转而奔赴合作，一起朝着一个方向努力时，这个共同的利润将大得惊人。他们会明白，当他们用友谊、合作和互助取代敌意时，通过共同努力，他们可以创造比过去多得多的盈余。⊖

如果劳资双方都着力于提高劳动生产率，工人就可以获得更多工资，同时资本家也可以获得更多利润，从而实现双方的"财富最大化"。对雇主来说，他们关心的是降低成本；工人关心的是提高工资。因此，泰勒认为，这是劳资双方的"精神革命"，是双方合作的基础和先决条件。

3. 泰勒管理思想的影响与评价

泰勒在世时，泰勒制就已在多处得到了应用，他的一系列著作影

⊖ 泰罗.科学管理原理[M].胡隆昶，冼子恩，曹丽顺，译.北京：中国社会科学出版社，1984：238-240.

响了一批企业家的管理实践，甚至引起了政坛的高度重视。但是，泰勒的想法一开始并没有被完全接受，相反，包括工会组织在内的很多人对此表示了激烈的抗议。一位名叫辛克莱的年轻社会主义者写信给《美国杂志》的编辑，指责泰勒在提高了61%的工资的同时，增加了工人362%的工作量。此外，泰勒还面临着来自管理层和其他方面的反对，这些人认为他的科学管理方法增加了对员工的剥削。国会在1912年就泰勒制和其他工厂管理制举行了听证会。在这次听证会上，泰勒不得不面对敌对的国会议员，对自己的观点加以阐释并积极辩护。他在众议院委员会的证词向公众宣传了科学管理的原则及其具体的方法和技术，成了他对科学管理原则的最好解释，在社会上引起了极大的轰动。

泰勒所提出的科学管理理论，虽然已经过去了100多年，但光彩依然。对管理学科而言，泰勒的科学管理理论不仅有开创之功，而且让管理，尤其是企业管理从凭经验、感觉的一种行为，升华成为一种科学，甚至使它可以量化，对于此后的管理学科发展和企业管理实践都起到了巨大的推动作用。以当今的目光来审视过去的理论，我们可以发现科学管理理论具有划时代的重要意义。管理哲学是管理的世界观、认识论和方法论，是从思维、存在的角度对管理学本质的总结。泰勒提出的科学管理思想，在管理学的世界观、认识论和方法论上，正是对管理学本身的一次突破性变革和颠覆式创新。正如美国著名管理学家彼得·德鲁克（Peter Drucker）所指出的："科学管理不过是一种关于工人和工作制度的哲学，总的来说，它可能是自联邦主义文学以来美国对西方思想做出的最特殊的贡献。"⊖

自工业革命以来，传统经验管理方法延续至今。通过一系列管理

⊖ 德鲁克.管理的实践[M].齐若兰，译，北京：机械工业出版社，2006：72.

实践和理论探索，泰勒突破了传统经验管理的桎梏，进而将科学引入管理领域，创造出了一套具体的科学管理方法，为管理理论的系统形成奠定了非常重要的基础。探究和总结科学管理的实质，我们可以认为，这引发了管理学领域的一场革命，正是这场革命使人们从小农意识和小生产思维方式转变成为现代社会化大工业生产思维方式。

泰勒的另一个重要贡献是将企业的管理职能从生产职能中分离出来，使企业中开始有人专职从事管理工作。这极大地促进了人们对管理实践的思考，为管理理论的进一步形成和发展开辟了道路。由于采用了科学的管理程序和管理方法，生产力的发展得到了有效的促进，企业的生产效率大幅度提高，因此，科学管理在当时的美国和欧洲是相当受欢迎和推崇的，直到今天，科学管理思想仍然发挥着不可或缺的作用，现代管理科学学派的学说可以说是科学管理思想的延伸和深化。

从管理学的角度来看，泰勒最重要的贡献是他把管理作为一门科学的创造性方法。泰勒在《科学管理原理》的导言中宣称，他的意图是揭示科学管理的基本原理，它可以应用于从最简单的个人行为到大型组织工作的各种人类活动。虽然泰勒认为，"科学的管理不是任何效率策略，也不是任何保证效率的措施，更不是任何效率策略的组合"，强调它给人们带来的是一场"心理革命"，是对管理活动的认识的改变，但大多数学者认为，尽管泰勒是从领导工人更好地了解努力工作的好处和获得收益出发，但他的管理理论的根本目的，并没有脱离提高管理效率这个基本点。这并没有什么错，也反映了管理的基本出发点。泰勒的管理理论体系，主要是基于对工人工作过程的多角度回顾和分析，研究工人行为过程的科学性和合理性，并通过科学研究提出一套方法，从而提高工人的工作效率。此外，泰勒的科学管理理论从关心工人的角度出发，主要通过经济手段对工人进行诱导，使工人明白如果采用他的这套管理和工作方法，就可以增加自己的收入，给自己带来经济效益。

但是，从泰勒的整个理论体系来看，他还没有很好地区分管理物品和管理人员的区别，这也是为什么人们长期以来把泰勒的科学管理理论理解为简单的"效率至上"。泰勒方法的缺陷在于，它用一种"复杂的机制"或制度取代了对人的领导艺术。在《管理百年》一书中，英国管理历史学家斯图尔特·克雷纳将泰勒描述为"使用秒表的文艺复兴式人物"。

客观上，泰勒的科学管理理论也有其局限性。例如，研究的范围比较小，内容比较狭窄，领域集中在生产管理等方面，对现代企业的经营管理、市场、营销、财务等方面没有涉及。更重要的是他对人性假设的局限性，即人只是被设定为"经济人"，无疑影响了理论的视野和高度。随着管理学的发展，人们也在不断更新对管理的认知，针对管理究竟是一门科学还是科学性和艺术性兼而有之这一问题，人们正在不断地摸索、思考和探究。

法约尔的一般管理理论

工业革命开始于欧洲，然后是美国。而科学管理起源于美国，然后传播到欧洲。20世纪初，泰勒的科学管理很快闻名于整个欧洲，法国也不例外。1907年，时任法国国防部部长乔治·克里孟梭（Georges Clemenceau）下令，法国所有生产战争物资的工厂都应该开始研究和应用泰勒体系。泰勒的书于1911年出版，很快被翻译成法语，并在法国各地传播。但是，泰勒的科学管理理论主要应用于工厂管理层面，集中在生产、制造和加工活动的范围内，他的许多观点并不系统。而企业作为一个整体的一些重要问题，比如管理的基本要素、基本原则、经营活动与管理活动的区别等，是不能通过科学管理来解决的。因此，当时的欧洲发展了一套完全不同的知识体系，关注点主要集中在高级管理人员的水平上。典型代表是法约尔创立的研究大企业整体管理的行政管理理论。但令人惊讶的是，法约尔的管理理念在很长一段时间内都没有得到应有的重视，他的管理理论在美国鲜为人知。直到法约尔的主要著作《工业管理与一般管理》于1949年出版英译本，他的理论才逐渐进入人们的视野。即使在法国，法约尔的管理理论也因泰勒的理论太过耀眼而在很大程度上被忽视了。然而，是金子总会发光的。随着科学的发展和思维的活跃，法约尔对管理学的贡献得到了全世界的认可。

亨利·法约尔（Henri Fayol，1841—1925）是古典管理理论的主要代表人物之一，也是管理过程学派的创始人。他出生在法国一个富裕的资产阶级家庭，也得益于他的天资，19岁时法约尔便从矿业学院毕业，获得了采矿工程师的资格。1860年他被任命为科芒特里-富香博-德卡维尔公司的科芒特里矿井组工程师，并在公司危难之际被任

亨利·法约尔
古典管理理论的主要代表人物之一，也是管理过程学派的创始人，著有《工业管理与一般管理》

命为总经理，成功改组并成立了科芒博煤铁联营公司。[一]在他漫长而成功的商业生涯中，他珍视这一事业，一直担任公司董事，直到1925年12月去世，享年84岁。

亨利·法约尔被认为是管理过程学派的开山鼻祖，与马克斯·韦伯（Max Weber）、泰勒并称为西方古典管理理论的三大先驱。法约尔一生在许多领域都创作了大量的作品。在管理学方面，主要著作有《工业管理与一般管理》《公共精神的觉醒》等，并发表了《管理学一般原则》等多篇论文。他在法国等欧洲国家管理思想史上的地位和影响不亚于美国的泰勒。

1. 管理活动五要素

法约尔原本打算写一篇包括四个部分的管理学论文，内容涉及行政管理，各部分题为"管理教育的必要性与可能性""管理的原则与要素""个人观察与经验""战争的教训"。前两部分是后来出版的《工业管理与一般管理》一书的全部内容，这是法约尔关于一般管理理论的主要代表作；但后两部分始终没能问世。在《工业管理与一般管理》这本书中，法约尔强调了管理的普遍性，即管理在所有机构的运行中都起着重要的作用。这样的观点突破了当时认为管理只局限于工厂的狭隘视野。观点的突破使得管理研究作为一个独立的项目成为可能，这是法约尔极为重大的贡献。在第一章中，法约尔讨论了管理的定义。他认为，一个企业的全部活动可以分为六组：包括生产、制造和加工在内的技术活动；包括采购、出售和交换在内的商业活动；包括筹措和使用资金在内的财务活动；包括保护人、财、物在内的安全活动；

[一] 苏勇. 当代西方管理学流派[M]. 上海：复旦大学出版社，2007：48.

包括成本控制、利润计算、编制统计在内的会计活动；包括计划、组织、指挥、协调和控制在内的管理活动。

在这六组活动中，法约尔主要集中研究了管理活动，他对其中所包含的五个要素进行了详细分析，这五个要素也被称为五大管理职能。

第一个要素是计划。在他看来，一个优秀的行动计划应具有以下几个特点：

- 统一性，即一次只能实施一个方案，但一个方案可以分为整体方案和部门的专业方案，两者可以相互结合、相互联系；
- 连续性，即第二个计划与第一个计划相连接，第三个计划与第二个计划相连接，不产生间隔，不产生重叠；
- 灵活性，即计划应该能够适应人们的发展认识，并进行相应的调整，但这并不影响总是人们服从规定这一性质；
- 准确性，即根据预测，计划尽量适应未来发展的需要。○

长期规划是法约尔对管理思想的杰出贡献之一。他认为，短期规划应更精确，而长期规划可采取更灵活的办法。应该依靠谁来制订计划呢？法约尔提出，一个好的计划的制订需要一个精明而有经验的领导者，他必须具有管理人员的艺术、热情、勇气、专业能力、处理事务的常识和作为领导者的稳定性。无法制订计划或计划设计不够完备是管理者无能的标志。综合来说，计划是管理的首要因素，具有普遍适用性，这也是一切组织活动的基础和前提。

第二个要素是组织。组织可以分为物质组织和社会组织，而在法

○ 法约尔.工业管理与一般管理[M].周安华，林宗锦，展学仲，等译.北京：中国社会科学出版社，1982：57-59.

约尔的思想中主要偏向于社会组织，它们为企业的运营提供所有必要的材料、设备、资金和人员。

在法约尔的组织理论中，组织功能分为水平方向的和垂直方向的。职能发展是水平方向的，因为随着组织承担更多的工作，职能部门的人数也会增加。此外，随着规模的扩大，需要开辟额外的管理层级来指导和协调下一层级的工作，因此垂直层级逐渐增加。他建议，职能和层级顺序的发展应基于一个比例，即15个工人在1个经理的监督下比较合适，往上各级均为4比1会更贴合实际。例如，15个工人需要有1个经理，60个工人需要有4个经理，每4个经理需要有一个更高级的经理，组织是按照这个几何级数发展的，组织的管理要把管理幅度控制在最大限度内。但是，俗话说"大树长不上天"，社会组织也有它的极限。由于企业管理能力、资源、精力等各个要素的限制，企业的成长不可能无限制地进行。通常，一个领导者拥有4~5个直接下属为宜，管理层级最好不要超过9级。水平范围太大容易造成管理失控，垂直范围太大容易影响信息传递速度，导致企业反应不够迅速。⊖

至于参谋人员，法约尔认为，他们应该是有能力、有知识、有时间去拓展管理者个人能力的人。同时，参谋人员只对总经理负责，类似于军队中的参谋。他们的主要任务不是处理日常事务，而是观察组织中可能存在的问题，探索更有效率的工作方式，时刻关注业务条件的差异和环境的变化，着眼于长期发展问题。

第三个要素是指挥。指挥是使一个组织工作的艺术，基于一定的个人素质和对一般管理原则的理解。当社会组织建立起来的时候，就

⊖ 法约尔.工业管理与一般管理[M].周安华，林宗锦，展学仲，等译.北京：中国社会科学出版社，1982：63-64.

必须让指挥发挥作用。通过指挥的协调，组织中的所有人都为实现企业的利益做出最大的贡献。法约尔认为，组织的领导者应该对员工有深入的了解。领导者至少应该了解他的直属下属，知道自己对每个人的期望和对他们的信任程度。他还需要学会淘汰那些无法工作的人。领导者是整体利益的裁决者和负责人，在责任已经确定的情况下，领导者要灵活、主动、高效地完成任务。为此，应该使每一个成员都认识到优胜劣汰的必要性和正确性。当然，对被淘汰的人也需要给予一些关心和帮助。此外，他应该能够协调企业和员工之间的关系。作为上级和下级之间信息传递的桥梁，在员工面前，他要传达上级的指示，维护企业的利益；在企业面前，他要设身处地为员工着想，转达他的诉求。领导者本人应该以身作则。每个领导者都有权让别人服从他，但是如果所有的服从都是出于害怕惩罚，那么员工的管理、企业的运转可能都不会顺利进行。可以说，以身作则是说服员工、让他们产生信任最有效的方式之一。此外，领导者还应当定期审查组织结构，定期检查和调整企业的管理幅度与管理层次，确保组织结构合理、高效运行。

与泰勒的例外原则相似，法约尔也认为一个优秀的领导者不应当在工作细节上耗费精力。作为一个领导者，应该事事都了解，但更重要的是以此来把控全局，在重大事情上发挥领导作用和话语权，而不应事无巨细都去解决。领导者是一个团队或组织的中心，有义务和责任了解每个员工的思想变化，并及时调整方向，在一定程度上加以监督，确保他们在工作上目标一致，保持内部的团结和对组织的忠诚。同时，在条件允许的情况下，领导者应该让员工发挥主观能动性，注重提高员工的创新能力与积极性。

第四个要素是协调。协调是指企业中所有员工要和谐地合作，从而保障企业的顺利运作，促进企业的发展，最终取得成功。法约尔认为，协调可以使各种职能与资源之间保持动态平衡——如收支平衡，物资与消耗之间保持一定比例。在企业中，如果协调不好，部门之间就会有一堵看不见的墙，每个人只关心部门的利益，没有人拥有全局观，创新精神和无私的工作精神就更无从谈及。这样，企业的发展必然会陷入困境。只有各部门步调一致，工作才能安全、有序地进行。

法约尔认为，例会制度可以有效缓解部门之间难以协调合作的问题。所谓例会制度，即根据企业实际工作的进展，组织各个部门的相关人员参加例会。在会议上，各部门代表说明发展方向，明确各个部门之间应有的责任与配合，同时，领导者利用出席的机会，倾听大家的诉求，解决共同关心的问题。每次会议只涉及短期内的企业活动，通常是一个星期，在此期间，所有部门的行动都要协调起来，保持步调一致。

第五个要素是控制。控制的目的是验证工作是否按照既定的计划进行，以纠正错误和避免重复错误，确保计划能得到有效实施。只有控制到位，才能避免计划与结果之间出现较大偏差，保证企业顺利完成任务。从管理者的角度来看，控制即要保证企业有计划、认真执行计划，并反复修改完善。控制作为一种适用性非常广泛的职能，包括很多种不同的控制方法，如事前控制、事中控制、事后控制等，管理者需要根据方案的具体进展采取合适的控制手段。⊖

⊖ 法约尔.工业管理与一般管理[M].周安华，林宗锦，展学仲，等译.北京：中国社会科学出版社，1982：64-65.

2. 14 项管理原则

法约尔的"14 项管理原则"
- 劳动分工原则
- 权力与责任原则
- 纪律原则
- 统一指挥原则
- 统一领导原则
- 个人利益服从整体利益的原则
- 人员的报酬原则
- 集中原则
- 等级制度原则
- 秩序原则
- 公平原则
- 人员稳定原则
- 首创精神
- 团队精神

法约尔发现"原则"这个术语经常被误解。在某些人眼中，它意味着一种不容置疑或僵硬的做事方法。鉴于这个原因，法约尔谨慎解释了他所认为的"原则"，并根据他自己的经验提出了 14 项管理工作中最有用的原则。

（1）劳动分工原则（division of work）。法约尔认为，劳动分工符合自然规律，是一种自发的、客观的趋势。这种分工其实不仅仅用于技术工作，管理工作也同样需要分工，因为它是提高管理者工作效率的有效途径。但是他也提出，"劳动分工是有限度的，经验和尺度感告诉我们不要超越这种限度"。

（2）权力与责任原则（authority and responsibility）。哪里有权力，哪里就有责任，责任是权力的自然结果和必要补充——这就是著名的权责匹配原则。法约尔认为，要贯彻权责相匹配的原则，就必须建立有效的奖惩制度，这是现代管理中的权责与效益相结合的原则。

（3）纪律原则（discipline）。法约尔指出，纪律应该包括两个方面，即企业与员工之间的协议，以及员工对协议的态度和遵守协议的情况。"纪律"是企业平稳运行、兴旺发达的关键，如果没有良好的纪律，那么任何企业都无法实现持续繁荣和长远发展。他认为，建立和维持纪律最有效的方法是：

- 企业各级管理者以身作则；
- 协议本身的签订要公平合理；
- 对于遵守或违背协议，要合理科学地执行奖惩。

（4）统一指挥原则（unity of command）。统一指挥是一项重要的管理原则。根据这一原则，下属只能接受上级的命令。如果两个领导者同时对同一个人或同一件事行使权力，就会产生混乱。无论如何，不会有适应双重指挥的社会组织。

（5）统一领导原则（unity of direction）。"针对同一目标的所有活动只能有一个领导者和一个方案。人类社会就像动物王国，一个身体有两个头，是怪物，很难生存。"统一领导原则就是指一个下属只能有一个直属上司。它不同于统一指挥原则，即下级只能服从上级的命令。这两个原则既有区别又有联系：统一领导原则关注的是组织结构的问题，即在设置组织结构时，一个下属不能有两个直属上级；统一指挥原则关注的是组织结构建立后的操作问题，即在组织结构建立后，一个下属在操作过程中不能同时接受两个上级的指令。因此，两者存在时间先后的顺序。

（6）个人利益服从整体利益的原则（subordination of individual interest to general interest）。法约尔认为，人们很清楚这一点，但往往"无知、贪婪、自私、懒惰和所有人类的冲动使人们为了个人而忘记整体的利益"。为了坚持这一原则，法约尔建议采用以下方法："保证领导者的坚定性和好的榜样作用，尽可能签订公平的协定，认真监督。"

（7）人员的报酬原则（remuneration）。法约尔指出，人员的报酬应首先"取决于是否受用人单位意志和人员的一些情况影响，如目前生活成本的高低、聘用人员的一般情况、企业的经营状况和财务状况等，然后再看人的技能和素质，最后才是决定采用什么报酬方式"。人员报酬首要考虑的是在保证企业经营的前提下满足员工最基本的诉求，即保障员工的最低生活消费和企业的基本经营状况，这是确定人员报酬的一个出发点。在此基础上，考虑劳动者的劳动贡献来确定合适的报酬分配方式。对于各种可能存在的不同报酬分配方式，法约尔认为，无论采用何种方式，都应做到以下几点：

- 确保报酬的公平性；
- 奖励努力工作的人，激发员工积极性；
- 不应超出合理限度。

（8）集中原则（centralization）。这一原则关注的是组织权力的分布问题，即是集权还是分权。在法约尔看来，集权还是分权并非绝对，关键是找到最适合企业的模式。在小型企业中，上级领导可以直接将命令传达给下级，不需要经过其他人，所以权力会相对集中。在大型企业中，高层领导者和基层之间有很多中间联系，权力也相应分散。根据法约尔的观点，有两个因素影响着一个企业的权力是集中还是分散：一是领导者的权力，二是领导者对下属的积极态度。

（9）等级制度原则（scalar chain）。等级是指从最高权力层到较低管理层的领导阶层。遵循等级制度原则就是在组织中建立这样一条不间断的层级链。这个层级链应该说明两个方面：第一，显示组织中各个环节之间的权力关系，通过这个层级链，组织中的成员可以明确谁可以给谁指令，谁应该对谁负责；第二，指明信息在组织中传递的路径，因为在正式组织中，信息是按照组织的层次序列来传递的。遵循等级制度原则，有利于加强统一指挥原则，保证组织内部信息的畅通。

（10）秩序原则（order）。法约尔所指的秩序原则包括物品的秩序原则和人的社会秩序原则。首先，关于物品的秩序原则，他认为每一个物品都有一个最适合存放的地方，坚持物品的秩序原则就是把每一个物品都放在它应该处于的位置。其次，关于人的社会秩序原则，他认为每个人都有自己的长处和弱点，社会秩序原则就是要确定最适合每个人能力发挥的工作岗位，然后让每个人都在最能发挥自己能力的岗位上工作。法约尔认为，要遵循社会秩序原则，就要对企业的社会需求和资源有准确的认识，并在它们之间保持正常的动态平衡。同时，还要注意克服徇私偏爱、野心奢望和愚昧无知等，消除弊病。

（11）公平原则（equity）。法约尔认为，公平和公道有不同的含义，应该予以区分。他认为，公道是指实现领导者与员工订立的协定。为了鼓励所属人员能全心全意和无限忠诚地履行他的职责，应该以善意来对待他，这是公道。公平是指结果，是由善意与公道产生的一种感知。也就是说，贯彻公道原则就是要按既定的协定执行，但同时还要考虑到情况的变化，在未来的执行过程中，由于各种因素的变化，原本"公平"的协议最终可能会变成"不公平"的协议。这样一来，即使严格执行"公平"的原则，员工的努力也不会得到公平的体现，这将极大地损害员工的积极性。

（12）人员稳定原则（stability tenure of personnel）。法约尔认为，根据"人员稳定原则"，要使一个人的能力得到充分发挥，就要使他花费一定的时间在一个相对稳定的岗位上工作，使他能够熟悉自己的工作，了解自己的工作环境，获得他人对自己的信任，因为频繁转换工作是需要时间成本的。但是，年老、疾病、退休、死亡等客观或主观因素都会造成企业人员的流动。因此，人员的稳定只是相对的，而人员的流动是绝对的。对企业来说，要想充分发挥人员的能力，就必须平衡人员稳定性和流动性。

（13）首创精神（initiative）。今天我们可以把首创精神理解为创新和突破。法约尔认为，制定计划并确保计划成功是聪明人最大的乐趣之一，也是对人类活动最有力的刺激之一。这种发明和执行的可能性就是人们所说的主动性。建议与执行的自主性也都属于首创精神。在法约尔看来，自我实现需求的满足是激发人们工作热情和积极性的最有力的刺激。但是，纪律原则、统一指挥原则、统一领导原则的执行，会在一定程度上制约人的积极性在组织中的发挥。当然，若能很好地掌握这种限制的程度，将有利于组织的成长和发展。

（14）团队精神（team spirit）。人们往往会忘记组织的统一，要么是因为管理能力的缺乏，要么是因为自私，要么是因为对个人利益的迫切追求。法约尔认为，管理者需要确保和提高工作场所的士气，培养积极的个人和集体工作态度。为了加强组织的团结和促进成员之间的交流，他特别提到，在组织中应禁止频繁使用书面联系。他认为，当面处理商业问题比书面处理更快、更容易。此外，一些冲突和误解也可以通过对话有效地解决。

3. 管理者的素质

法约尔非常重视管理者的素质。他认为，技术能力、业务能力、财务能力和管理能力都是基于以下素质和知识：

- 身体方面，需要健康，具有活力和敏捷性；
- 智力方面，需要具备理解力和学习能力，判断力强，精力充沛，头脑灵活；

- 道德方面，需要有毅力、坚强、负责、主动、忠诚、有自知之明、自尊；
- 文化方面，需要具备工作职能领域所有方面的知识，包括一般知识和专业知识；
- 经验方面，需要具备必要的经验，相关知识是从商业实践中获得的，这是人们从自己的行为中学习的能力。

与泰勒否认管理专业培训对培养管理者的作用不同，法约尔主张管理教育的可行性和必要性。鉴于当时学校还没有开设管理课程，法约尔呼吁普及管理教育。他认为管理教育实现的首要前提是形成系统的管理理论。因为如果没有管理理论，也没有方法，那么很多管理者永远都是一个"初学者"，只能循规蹈矩，根据历史经验来管理，而不能创造性地解决问题。

4. 法约尔管理思想的影响与评价

法约尔的"一般管理理论"是古典管理思想的重要代表，后来甚至成为管理过程学派的理论基础，也是此后管理实践的重要依据。它对管理理论和企业管理实践的发展产生了重要而深刻的影响，虽然其中一些原则已经落后于时代，但是也有一些被人们以"公理"的形式接受和使用。因此，继泰勒的科学管理之后，法约尔的一般管理理论被认为是管理思想史上的第二座丰碑。

首先，从理论意义来看，法约尔从分析大企业的经营活动入手，对管理的一般过程和原则进行了研究，创造性地提出了管理活动、管理职能、管理理论等概念，并构建出了一个以命令、统一指挥为特征的有效组织机构框架，为后来的管理学家研究管理的具体职能、管理过程、管理组织、管理原则等问题奠定了重要基础。特别是他的五大管理职能说，至今仍然是国内外管理学家构建管理学体系的基本框架。

其次，从现实意义来看，法约尔的代表作《工业管理与一般管理》相比泰勒的作品，出版时间较晚。它于1929年被翻译成英文，由日内瓦的国际管理学院出版，并于1949年在美国出版。然而，法约尔的一般管理理论却越来越受欢迎，他提出的五大活动要素（五大管理职能）和14项管理原则被认为是管理者在管理活动中的金科玉律。实践证明，法约尔的一般管理理论不仅适用于商业和工业，也适用于政治、宗教、慈善、军事等领域。此外，他大力提倡管理理论教育，为培养管理专业人才和管理团队的形成做出了突出贡献。

法约尔的一般管理理论的主要不足之处在于其管理原则过于僵化，有时在实际管理工作中无法完全遵循。以统一指挥原则为例，法约尔将这一原则视为"不管工作是什么，下属只能服从上级的命令"的法则。但是这与劳动分工原则可能是矛盾的，因为按照劳动分工原则，按专业分工会更有助于提高工作效率，但是当某个层级的管理者做出决策时，他会考虑来自各个专业部门的建议或指示，而这是违背了统一指挥原则的。这也是企业实践中容易遇到的矛盾，需要引起重视并妥善处理。

马克斯·韦伯的官僚集权理论

18世纪到19世纪中期是欧洲各国的社会、政治、经济、技术等方面经历大变动、大变革的时期。当时，以荷兰和英国为首的西欧国家，在经历了数次大小规模的资产阶级革命后，城市迅速发展，资本主义生产方式脱胎而出，在过去占据主导地位的家庭手工业逐渐被工厂制所取代。英国的工业革命导致机器力量取代了一部分人力，机器大生产和工厂制度的普及对社会经济的发展产生了重要的影响。

随着工业革命以及工厂制的发展，工厂以及公司的组织管理问题变得越来越突出。当时已经有学者注意到，由于普遍缺乏明确的组织机构来进行系统的管理，很多企业在管理上产生了很多问题：工作时间过长、意外事故不断、产能效率低下、工人缺乏训练等。雇主不懂得如何激励工人来提高劳动生产率，这使很多国家出现了经济发展水平和企业中的劳动生产率与当时的科学技术成就完全不匹配的情况。现有的组织形式、组织管理中究竟存在着什么样的问题？究竟怎样的组织结构才有利于企业的经营和成长？什么样的组织管理才是高效的，才是适应工业革命后不断发展壮大的工厂规模与企业制度的？这就是当时的学者思考组织管理问题的开端，而韦伯的组织理论也在这个大环境中得以形成和发展。

1. 韦伯其人及其贡献

马克斯·韦伯（Max Weber，1864—1920）是德国著名的社会学家、政治学家、经济学家、哲学家，是近代最具生命力和影响力的思想家之一。1864年，他出生于德国中部图林根州爱尔福特

马克斯·韦伯
德国著名社会学家、政治学家、经济学家、哲学家，提出官僚集权理论，被誉为"组织理论之父"

（Erfurt）的一个资产阶级家庭。他曾就读海德堡大学和柏林大学，25岁获得博士学位，27岁便通过了大学授课资格考试。1894年，年轻的韦伯在弗莱堡大学获得了教职并教授政治经济学；两年后，他又接受了母校海德堡大学的教职并回去教书育人。

在当时的德国政界，韦伯具有相当大的影响力，曾在凡尔赛会议上代表德国进行谈判，他还曾参与过《魏玛宪法》（Weimar Constitution）的起草设计。他对西方古典管理理论的确立做出了杰出贡献，是世界公认的古典社会学和公共行政学最重要的创始人之一，与泰勒、法约尔并称为西方古典管理理论的三位先驱。由于他独特的管理思想，他被后世学者称为"组织理论之父"。

韦伯的主要著作有《新教伦理与资本主义精神》《社会组织和经济组织理论》《世界经济简史》等，其中，官僚组织结构（bureaucratic model）理论，即行政组织理论，对后世产生的影响最为深远。有人甚至将他与埃米尔·涂尔干（Emilc Durkheim）、卡尔·马克思（Karl Marx）并称为社会学的三巨头。

马克斯·韦伯是官僚集权理论的奠基人，他回顾了以西方特有的理性主义为基础的官僚主义，强调规章制度是组织正常运作的基石，只有公正地识人、用人，人尽其才，才能实现组织的既定目标。此外，他还系统地指出，组织以合理合法的权力为组织核心，任何人都应崇尚这种权威。

2. 官僚集权理论的内容

（1）理想的行政组织体系。按照韦伯的说法，"一个封闭或限制外人的社会关系，如果它是由特定的个人组成的——一个领导者，也许是一个管理团队,他们通常也有代表的权力,以确保秩序得到遵守,就可以成为一个组织""如果存在着这样一种概率,即某些人将会采取行动去实施作用于该组织的秩序,这个组织就是存在的,就是说,存在一些人,他们倾向于一旦必要时就采取相应的行动"。[○]韦伯认为,理想的行政制度是通过职位或权力来管理一个组织,而不是通过个人或世袭职位来管理。要使行政组织发挥作用,管理就要以知识为基础加以控制,管理者要有能力做好自己的工作。他们应该根据客观事实而不是主观意志来实施领导。

韦伯理想中的行政组织结构可以分为三层,其中最高领导者相当于组织的最高管理层,行政官员相当于中层管理人员,普通工作人员相当于基层管理人员。无论企业采用什么样的组织结构,它都有三个最基本的原始层级。

韦伯指出,现代行政组织中存在正式管辖原则。这种管辖权通常由规则界定。行政控制机构的日常活动被视为官方职责并加以分配;执行这些职责所需的权力以稳定的方式授予,并由官员通过肉体、宗教或其他手段加以限制和监督;正常和持续履行职责与行使相应权力的手段应有所规定,只有符合一般规定条件的人才应被雇用。[○]这三个要素构成了国家范围内的行政组织系统的机关和经济领域内的行政组织系统的企业。

在现实生活中,可能会有各种组织形式的组合或混合形式,但为了进行理论分析,韦伯需要描绘出一种理想的形式。作为一种规范、典型的理想行政组织制度,它具有以下特点。

○ 韦伯.经济与社会:第一卷[M].阎克文,译.上海:上海人民出版社,2010:141.
○ 克斯勒.马克斯·韦伯的生平、著述及影响[M].郭锋,译.北京:法律出版社,2000:78.

- 组织有明确的目标。组织按照明确的规章制度形成，有明确的组织目标。人员的一切活动都必须遵守相应的程序，目的是实现组织的目标。
- 实行合理分工。为了实现目标，组织需要将实现目标的所有活动按照一定的标准进行划分，然后落实到组织中的每个成员。组织中的每个职位都有相应的权利和义务。
- 按层级形成指挥链。这样的组织是一个有秩序的组织，有相应的权力和责任。各种职位是按照等级制度划分的。各级人员必须接受上级的控制和监督，下级必须服从上级，对自己的行为负责。
- 在人事关系上，上级和下级是命令和服从的关系。这种关系不是由个人决定的，而是由职位所赋予的权力决定的，个人关系决不能影响工作中的层级关系。
- 任何职位都要经过筛选。现任管理人员必须经过测试、教育并培训合格。人必须有能力、称职，不能被随便解雇。
- 管理层采用委任制。管理人员都是通过委任产生的，而不是通过选举，一些特殊的职位除外。
- 管理人员实行固定工资制度，并有相应的晋升和考核制度。管理人员的晋升完全由上级决定，下级不允许发表任何意见，以免打乱上下的指挥链；同时，通过这一制度培养组织成员的团队精神，要求他们对组织忠诚。
- 法律法规适用于任何情况，不受主观因素的影响。管理人员必须严格遵守组织的规则和纪律。组织对每个成员的职权和协作范围都有明确的规定，确保各个成员正确行使职权，减少内部冲突和矛盾。

韦伯认为，合法型统治是官僚组织结构理论的基础，因为它为管理的连续性奠定了基础，而担任管理职务的人员是根据其工作能力选择的，具有相应的合理性。管理人员有一定的法律手段来行使权力；所有的权力都有明确的定义，当权者不能滥用他的正式权力。正式形式的"法律性"的信任，以及对当权者根据这些条例发布命令的权威的信任，共同构成了合法治理的基础。这类组织的管理体系不仅具有合法的权威性，而且具有自身独特的"合理性"，即保证最佳管理目标实现的能力。

（2）权力的分类。韦伯指出，任何组织要实现其目标，都必须以某种形式的权力为基础。权力可以消除组织混乱，使组织有序运行。没有权力，一个组织很难生存，更不用说实现它的目标。

韦伯将这种权力分为三种类型。一是合理的、法定的权力，是指依法任命和发布行政命令的权力。对这种权力的服从是对一套由法律建立的等级制度，以及对确认职务或职位的权力的服从。二是传统权力，基于古老、传统、不可侵犯性，以及以行使权力者地位的合法性为依据。三是超凡权力，其前提是对个人的崇拜和迷信。

在这三种权力中，人们服从传统权力是因为领导者占据了传统所支持的权力地位，同时领导者也受到传统的制约。然而，这种服从的基础并不是与个人无关的秩序，而是习惯义务领域的个人忠诚。在这种权力体系下，领导者的作用似乎只是维持传统，因此效率低下，不应该作为行政组织体系的基础。而超凡权力的合法性完全依赖于对领导者的信仰，领导者必须通过不断的奇迹和英雄行为来赢得追随者，这种权力过于情绪化和非理性，它不是基于规则，而是基于某种神秘的启示。因此，超凡形式的权力不应成为行政组织制度的基础。只有理性的力量和法律的力量，即法定权力，才能作为行政组织的基础。法定权力具有权力范围明确、能避免权力滥用、权力行使多样化等优点，这样才能保证经营管理的连续性和合理性。对人才可以根据其能力进行选拔，组织成员可以按照法定程序行使权力。因此，法定权力是保证组织健康发展的最佳权力形式。

（3）理想的行政组织管理体制。韦伯在找到适合于行政组织制度的权力基础后，划定了理想的官僚组织形式（bureaucratic ideal type）。需要指出的是，这里的"官僚"并不是贬义，而是正式行政组织结构的术语。韦伯认为，在这样一个理想的官僚组织中，所谓管理就是基于知识和事实进行控制。领导者要有能力，能够胜任这个职位，要以事实为依据，不能随意实施领导。

在官僚体制中，专业资格的范围会日益扩大，甚至政党和工会官员也需要专业知识。它的前提是，为实现目标所需的全部活动都被划分为基本的专业，并作为任务分配给组织中的每个成员。在最大限度分工之后，组织的每一个环节的任务都由拥有必要职权的专家来完成。

韦伯认为，一个合理的官僚机构在各个领域的一般运作表现出以下几个方面的特点。

- 有固定的一般规则。也就是说，为了实现官僚体系治理机构的目的，所有的官僚体系都会进行固定的分工。
- 有职级原则。组织上下有固定有序的制度安排，即上级监督下级。当这种类型完全发展时，层次结构将按照集权体制进行安排。
- 存在行政管理档案制度的原则。现代职务的执行是建立在档案（保存着原始文件和草案）之上，和建立在一个包含各种各样的常设官员和文书班子的基础之上的。
- 职务工作离不开深入的专业培训。这一点越来越适用于私营企业的经理和雇员，以及与国家机构有关的官员。
- 管理人员按固定的、可学习的规则办事。因此，这些规则的相关知识是一种特殊的知识，管理人员可以通过某些特定的方式或手段获得这些知识。

韦伯提出的这种"理想的行政组织"被认为是"在不同程度上适用于各个领域；可以适用于营利或慈善组织，或具有精神或物质目的的其他类型的私营企业；同样适用于政治组织和宗教组织"。他的行政管理思想涉及体制改革、管理者的内部管理、公共管理的合法性与效率、政管分离等四个方面，激励了后来者从组织的技术层面寻求效率，从而产生了一批从组织结构、分工、责任等角度进行探讨的研究成果。[一]

3. 韦伯管理思想的影响与评价

马克斯·韦伯可以说已然成了屹立在一个承上启下的时代转折点的现代性界碑，是人们无法轻易绕过的存在。他的著作，无论是闻名遐迩的《新教伦理与资本主义精神》，还是冗长晦涩的《经济与社会》，抑或让人振聋发聩的《学术与政治》，皆为人们所熟知，大家在表示赞叹的同时也不乏对它们的阐发和捍卫，又或是误解和批判。

韦伯提出的官僚组织结构实际上是一种高效率的组织形式，因为它可以在具有技能和效率的基础上使人们在组织中的行为合理化，具有很强的一致性和可预测性。今天的各种组织，无论是行政机构、学

[一] 苏勇. 当代西方管理学流派 [M]. 上海：复旦大学出版社，2007：82-83.

校、军队、工厂还是医院，都或多或少具有一些官僚组织结构的特征。虽然官僚组织结构还存在许多缺陷，但是单纯从技术的角度来看，官僚主义强调形式化、制度化、标准化、知识化、专业化和权力集中化，确实可以在事实和结果上显著提高组织的运行效率。

韦伯对组织中的三种法定权力的精辟分析，犹如组织管理的汪洋大海上的灯塔。随着社会的发展，组织中法定权力的重要性和科学性日益凸显。然而在今天，官僚组织结构理论却经常受到批评，人们把官僚制度、官僚主义、官僚作风等视为组织效率低下的代名词。诚然，任何组织都应该有一定的规章制度来规范组织及其成员的行为，但过分强调规章制度也会抑制创新能力和变革精神，产生反作用。它使组织中的"官僚"可以将遵守规章制度作为借口，而不尽早做决定，不做与现实无关的决定，不做别人会做的决定，这必然导致解决问题的效率低下和相互推诿、推卸责任，也就是俗称的"踢皮球"现象。

毫无疑问，马克斯·韦伯是现代社会学的伟大奠基人。他在组织管理领域的行政组织观对社会学家、管理学家和政治学家产生了深远的影响。他不仅认真研究组织管理，而且深入考察了工业化对组织结构的影响，系统地分析了经济、社会和政治结构的关系。可以说，他的理论是对泰勒和法约尔理论的重要补充，对后世管理学家特别是组织理论家产生了很大的影响。他被誉为"组织理论之父"可以说是名副其实的。

第二篇

近代行为科学理论

在管理思想史上，近代以行为科学为典型代表的理论，无疑是值得大书特书的一笔。作为"管人理事"的人类重要活动，管理究竟是科学还是艺术，究竟是纯客观、可计量、可复制的，还是因人而异、因事而异、因时而异的？管理行为和活动是纯粹刻板地照章办事，还是具有某种灵活性的巧妙运用？如何更好地认识与运用企业经营中人的作用，在各种管理活动中运用各种方法激发人的潜力，以实现更好的效率和效益？这都是随着管理思想的发展，摆在管理学者面前的不可回避的问题，也是管理思想史发展必经的途径。

管理学发展史上的"人际关系和行为科学理论"阶段，被管理史学家丹尼尔·A.雷恩称为"社会人时代"。这一阶段的特点更多地体现了一种新出现的管理哲学，即更注重对管理行为本质的思考，而不是建立管理行为所遵循的标准。在这一阶段，值得我们关注的无疑是"霍桑实验"的研究成果。雷恩曾在《管理思想史》第6版中写道："在管理学历史上，没有任何一项研究能像霍桑工厂里进行的研究那样获得如此多的关注，人们对此做过各种不同的解释，它在获得广泛赞誉的同时，也受到严厉的批评。"⊖这一阶段的

⊖ 雷恩.管理思想史：第6版[M].孙健敏，黄小勇，李原，译.北京：中国人民大学出版社，2012：215.

管理理论将工作场所视为一种社会系统。管理者在追求效率的过程中对技术的使用和提供的经济回报应该与组织对人的关心相联系。员工有物质需求，但他们也有社会需求。这些社会需求总是体现在他们与同事和组织中其他人的互动中。企业的具体工作环境中的各种事件和对象不能被视为独立的事物，而必须被理解为社会价值的载体。在这一理论中，"非正式组织"的概念是一个关键点。人际关系和行为科学理论认为：企业中既有正式的组织及其规则、秩序和工资制度，又有非正式的组织以及作为其基础的各种情绪和人际交往，这给管理带来了诸多问题。非正式组织长久以来被视为一种会产生不良影响的人际互动形式，但这是片面的，它反而应被视为正式组织必要的、相互依赖的重要方面。管理者必须在保证经济目标的同时，保持社会组织的平衡，并且使个体通过为这一共同目标贡献力量，获得使他们愿意合作的个人满足。

CHAPTER 3
第三章

霍桑实验

经典管理理论的杰出代表，如泰勒和法约尔，对管理理论的发展做出了杰出的贡献，对管理实践产生了深刻的影响，但他们有一个共同的特点：倾向于强调管理的科学性、合理性和建立起规章制度，对管理中"人的因素和作用"却没有给予足够的重视。他们的理论建立在这样一个假设上：在社会中，人们的思维和行动都是为了获取个人利益，追求劳动报酬，使经济收入最大化，即人性假设为"经济人"，管理者面对的只是单个工人个体或简单的一组个体。基于这种理解，工人总是被分配去做固定的、枯燥的、简单的重复性工作，活生生地成为"生产机器"。

结合20世纪20年代美国的科学管理实践可以发现，泰勒制虽然大大提高了生产力，但是也使工人的劳动变得极其紧张、单调和疲劳，引起了工人的抵触心理和不满情绪,甚至导致破坏、罢工等事件的发生,劳资关系日益紧张和僵化。随着经济的发展和科学的进步,工人队伍发生了变化。拥有较高文化水平和技术水平的工人的比例开始增加,体力劳动也逐渐让位于脑力劳动,这使得单纯使用经典的管理理论和方法已经不能有效地管理工人,更无法达到提高生产力和利润的目的。

梅奥与霍桑实验的背景

乔治·埃尔顿·梅奥
人际关系理论创始人,
以霍桑实验闻名世界

乔治·埃尔顿·梅奥(George Elton Mayo, 1880—1949),澳大利亚人,美国管理学家。他是早期人际关系理论的创始人,也是美国艺术与科学院院士。梅奥出生在澳大利亚阿德莱德。20岁时,他获得逻辑学和哲学硕士学位,并被昆士兰大学聘为逻辑学、伦理学和哲学教师。后来,梅奥去了苏格兰的爱丁堡学习精神病理学,分析精神障碍,成为澳大利亚心理治疗法的奠基人。

尽管梅奥从事过许多不同的职业,但使他闻名于世的还是他对霍桑实验的贡献。1927年冬天,梅奥受邀参加霍桑实验。1924—1932年,他在芝加哥郊区的西方电气公司(Western Electric)霍桑(Hawthorne)工厂进行了一项为期9年、分为两个阶段的实验。在霍桑实验的基础上，梅奥于1933年发表了《工业文明的人类问题》，并在1945年发表了《工业文明的社会问题》。

霍桑实验揭示了工业生产中的个体工人不仅具有经济属性，更具有社会属性。先前人们认为生产率只与物质条件有关，但是霍桑实验经过探索发现它还与工人的心理条件有关，比如他们的态度、动机、群体人际关系以及领导与被领导群体关系的密切程度。霍桑实验的结论对西方管理理论的发展产生了深远的影响，使西方管理思想在经历了早期管理理论和古典管理理论阶段之后，正式进入了行为科学管理理论阶段。⊖

霍桑实验的过程及其结论

1. 实验过程

（1）照明实验（1924年11月至1927年4月）。20世纪30年代，劳动医学是解释生产力的主流理论。该理论认为工人的生产力会受到疲劳和单调感的影响，因此实验提出的假设是"增加照明、减少疲劳可以提高工人的生产力"。但经过两年多

霍桑实验场景⊜

⊖ 梅奥. 工业文明的社会问题 [M]. 张爱民，唐晓华，译. 北京：北京理工大学出版社，2013：15.

⊜ 梅奥. 霍桑实验：为什么物质激励不总是有效的 [M]. 项文辉，译. 上海：立信会计出版社，2017.

的实验发现，光照程度的变化对生产率没有显著影响。具体结果如下：当实验组光照强度增加时，实验组和对照组产量均增加；当实验组光照强度降低时，两组产量仍增加。即使实验组的照明强度降到 0.06 单位烛光，产量也没明显下降。只有当照明降到月光水平，即变得难以看清时，产量才会急剧下降。研究人员对此结果感到困惑，因为这与当时主流理论预测的结果并不一致。

（2）福利实验（1927 年 4 月至 1929 年 6 月）。福利实验是继电器装配实验研究的一个阶段。实验的目的是了解福利待遇的变化如何影响工人的生产效率。长达两年多的实验得出了让人意想不到的结果：无论福利待遇如何变化，包括工资支付方式的变化、优惠措施的增加或减少、休息时间的增加或减少等，都不会对产出的持续增长产生显著影响。

进一步分析发现，参与实验的荣誉感和成员之间的良好关系是生产率提高的主要原因。实验开始时，6 名女性参与者被叫到部长办公室谈话，她们认为能参加实验是一件非常荣幸的事情。这种被重视的感觉会带来自豪感，增加工作的动力。

梅奥通过福利实验得出结论，改变监督和控制的方法可以改善人际关系，从而改善工人的态度，提高生产力。

（3）访谈实验。先前的实验表明，管理的方式才是影响工人士气和劳动生产率的重要因素，因此有必要了解工人对当前的管理方式有什么看法，从而为改进管理方式提供依据。于是梅奥等人设计了一个访谈计划，询问工人的意见。从 1928 年 9 月到 1930 年 5 月，在不到两年的时间里，研究人员采访了工厂里大约 2 万名工人。

研究人员最初的想法是针对计划管理部门现行的规划和政策、工头的态度和工作条件等问题，让工人畅所欲言，但预先设计好的访谈计划在实施过程中收到了意想不到的效果。工人认为重要的事情不是研究人员事先预设的那些重大问题，相反，许多工人讨论了采访提纲以外的事情。在了解到这一点后，研究人员迅速改变了访谈计划，删去了明确的访谈提纲，转成了非结构化的访谈，平均每次访谈时间从 0.5 小时延长到 1～1.5 小时。研究人员多听少说，不反驳，在此过程中详细记录工人的不满和意见。这个采访项目持续了两年多，在此期间，工人的产量显著提高。

研究人员在访谈中发现，长期以来，工人其实对工厂的管理制度和方法存在许多不满，但因为缺少反馈、申诉的渠道，所以无处发泄。访谈计划的实施正好给他们提供了一个发泄的机会。宣泄后，工人心情舒畅，士气提升，产量增加。通过这些分析，研究人员意识到管理者应该了解工人的想法，为工人解决问题，为工人提供宣泄情绪的渠道。为此，需要将管理者培养成能够倾听和理解工人的访谈者，在与工人相处时更加热情和关心，这样可以促进人际关系的改善和工人士气的提升。

（4）群体实验。这是一组针对工人群体的实验。进行这个实验的原因是，研究人员感觉似乎在工人中存在着一种非正式组织，并且这种非正式组织对工人的工作态度有非常重要的影响。因此，实验的目的是确认这种非正式组织的存在，并研究它是如何运作的。

为了系统地观察实验组工人之间的互动，研究人员在车间中选取了 14 名男性工人，其中包括 9 名绕线工人、3 名焊工、2 名检验员，并要求他们在单独的房间工作。在实验开始时，研究人员向工人解释，他们可以尽可能努力工作，因为他们的报酬是按件计算的。研究人员认为这会让工人工作更努力，但结果令人惊讶：工人的实际产出保持在中等水平，每个工人的日产出大致相同。根据动作和时间分析，每个工人应该完成 7 312 个焊点的标准定额，但工人每天只完成 6 000～6 600 个焊点就停工了，即使距离下班还有不少时间，他们也选择停工。这是什么原因呢？通过观察，研究人员了解到，工人会自动限制产量，因为他们担心如果自己工作太努力，其他工人可能会失去工作，或者公司会设置更高的生产定额。

是不是因为工人之间存在能力的差别？为了了解他们的能力，研究人员还对实验组的每个人进行了灵敏度和智力测验，结果出乎预料。在测验中得分最高的，反而是 3 名生产速度最慢的绕线工，甚至其中 1 名最慢的工人在智力测验中排名第一，在灵敏度测验中排名第三。测验结果与实际生产之间的这种关系使研究人员想到了群体对这些工人的重要性。一个工人可能会因为提高产量而获得组织分配的总工资中更大的份额，但这种物质奖励会受到群体的非难甚至惩罚，而他每天只要完成群体认可的工作量就可以相安无事。与此同时，即使在一些小事情上也能明显发现工人之间存在不同的派别，即我们现在所谓的"小团体"。

这一实验表明，为了维护小团体之间的团结和默契，工人选择放弃物质利益的引诱，从而实现整体的和谐。由此，梅奥等人提出"非正式组织"的概念，认为在正式的组织中还存在着一种自发形成的非正式组织，这些组织有着独特的行为规范和规章制度，对人的行为起着调节和控制作用。与此同时，正是这种非正式组织的存在加强了内部的协作关系和人际关系。

2. 实验结论

1933年，梅奥将霍桑实验的结果正式发表为《工业文明的人类问题》，标志着人际关系学说的建立。梅奥在他的书中对霍桑实验的结果进行了详细的解释。

研究人员认为，这种自然形成的非正式组织的功能是：对内部，控制其成员的行为；对外部，保护其成员不受管理层的干预。这种非正式组织通常有自然形成的领导人。就其形成的原因而言，它并不完全取决于经济的发展，而主要取决于与更大的社会组织的联系。

霍桑实验最初的研究是为了考察薪酬、车间照明、温度、休息时间等一系列控制条件对工人行为的影响。然而，在研究中意外地发现，非物质因素对生产效率的促进作用更大，即使控制条件回到初始状态，促进作用仍在一段时间内存在，并且这种现象在每一个主体中都存在。梅奥和他的同事解释说，实验对象对新的实验处理步骤有积极的反应，也就是说，由于环境的改变，行为也相应地发生了改变。

霍桑实验结果否定了传统管理理论的"经济人"假设，表明工人不是孤立被动的个体，他们的行为不仅受到物质层面（如工资和报酬）的刺激，还会受到人际关系的调节。考虑到这一点，梅奥提出了自己的观点。

- 人是"社会人"，是复杂的社会关系中的一员。因此，要调动劳动者的生产积极性，必须从社会和心理两个方面进行努力。
- 工作效率主要取决于工人的积极性，取决于工人在组织中的家庭、社会生活和人际关系。
- 除了正式组织外，还有非正式组织。作为无形的组织，非正式组织有其特殊的规范、情感承诺和行为倾向，甚至可能会左右成员的行为，对生产效率的提高具有举足轻重的作用。
- 金钱只是工人所需要满足的需求的一部分。很多时候员工需要的是社交和情感，因此领导者应当善于倾听员工的意见，给予充分的归属感，平衡正式组织的经济需求与非正式组织的社会需求，从而提升员工满意度。
- 管理者尤其是基层管理者要像霍桑实验的研究人员一样重视人际关系，设身处地为下属着想，通过积极的意见交流实现情感沟通。⊖

理论评价

1. 理论贡献

霍桑实验的结论挑战了"经济人"假设，并开创了"社会人"假设。这个假设认为人们在工作中获得的物质利益对于激发人们的生产积极性只有次要的意义。经济因素当然是调动积极性的重要因素，但不是唯一因素，有时甚至不是第一因素。在日常的生产和工作中，人们往往更注重工作中的良好感觉和氛围，例如是否得到尊重，是否与身边的人相处融洽。良好的人际关系对促进人们生产和工作的积极性起着决定性作用，各种社会性因素和自尊的需要是激发工作热情的动力。

在管理思想史上，对管理对象的认识从"经济人"假设到"社会人"假设，是一个里程碑式的进步。它全面更新了作为管理活动重要因素的管理对象的基本属性，为管理主体（即管理者）的基本认知和

⊖ 梅奥. 工业文明的社会问题 [M]. 张爱民，唐晓华，译. 北京：北京理工大学出版社，2013：102-104.

管理活动的实践方向（即管理过程）开辟了新的广阔空间，为管理打开了进入社会科学领域的大门。它为管理实践的丰富性、正确性和有效性做出了重要贡献。随着时间的推移和社会的发展，这种贡献的意义不断凸显，并在今天的管理实践中得到了更加有力的证明。

2. 不足之处

梅奥及其霍桑实验也存在着一定的局限性：一是他过度否定了"经济人"假设以及过分强调"非正式组织"的作用；二是他因为倚重人的感情逻辑，而忽视了工人本身的理性思考和对利益的追求。

管理启示

霍桑实验对经典管理理论进行了大胆的突破，首次将管理研究的重点从工作和物质层面的因素转向人的因素，关注人际关系和情感需求，这不仅修正和补充了古典管理理论，开辟了管理研究的新方向，也为现代行为科学的发展奠定了基础，给管理实践带来了很多有益的启示。

（1）"以人为本"的管理是企业成功的关键。梅奥等人发现，在实验过程中以研究人员代替传统的工厂监工行使监督职能，不再发号施令，而是经常与工人协商，这种新的监督方式使参与实验的工人不再感到沉重的压力和束缚，原来的管理关系变成了自由而良好的合作关系。另外，在实验过程中，公司高层经常与工人沟通，征求他们的意见和建议，工人感受到重视和极大的尊重，工作积极性明显提高。因此，现代企业的领导者应该尊重员工的主体地位，重视与员工的情感沟通，争取员工的最大支持，以创造更高的效益。

霍桑实验也证明了人的生产力不仅受物质因素的影响，还受社会环境、心理等多方面影响。工人是社会人，他们除了追求金钱收入外，还有社会需求和心理需求。因此，企业管理者不仅要关注技术和物质条件，还要从人们的社会需求出发，鼓励员工提高劳动生产率。作为一个领导者，不仅要有指挥组织的技能，还要有处理人际关系的技能。只有同时满足员工的内在需求和企业效率的需要，才有可能同时实现个人与集体目标，从而实现双赢。

（2）双向沟通是一种有效的管理方法。在霍桑的访谈实验中，梅奥注意到通过友善的沟通不仅可以了解工人的需求，获悉他们的需要，还可以改善上下级之间的关系，让工人主动更加自发、真诚地工作。倾听是一种颇为有效的沟通方式。成熟睿智的管理者会发现，倾听别人的意见比展示自己渊博的知识更重要。他应该善于倾听别人的意见，激发他们的创造性思维，这不仅可以增强员工对管理者的信任，也可以让管理者从员工身上获得有价值的信息，更有效地排除潜在隐患，提升工作效率。

实验参与者是由研究人员从所有工人中挑选出来的，这让实验参与者感受到管理者的关心和重视。研究人员曾问对照组的工人："为什么劳动条件没有改善，你还能提高产量？"工人回答说："工厂这么看得起我们，让我们出来做实验，不做好怎么对得起厂里给予的这种信任？"⊖另外，在采访过程中，管理者和研究人员意识到解决工人的不满问题有利于提高生产效率，因此他们经常与工人进行沟通，让工人提出建议，这为工人的参与提供了机会和条件，大大提高了工人的自主性和积极性。

⊖ 徐为列. 对霍桑实验的思考 [J]. 企业经济，2003（2）：10-11.

（3）非正式组织对员工具有重要的影响作用。发现非正式组织的存在是霍桑实验最重要的结论之一。员工不是作为一个孤立的个体存在，而是嵌入在某一个群体之中的，他们的行为在很大程度上受到群体中其他个体的影响。非正式组织有利有弊，如何应对其中的负面影响是当代管理者必须面对的问题。只有平衡好个人、集体和企业的利益，个人的潜力才能最大化。

在梅奥的实验中，他发现团队的产量并没有因为某位女性的身体不适而下降。相反，产量可能会增加，这是因为其他女性会加快速度来弥补这位女性缺席的损失。和谐、积极的氛围会给团队成员带来归属感和自豪感，使员工在物质和精神上都得到一定程度的满足，他们会尽自己最大的努力使自己所属的团队保持优秀。

CHAPTER 4
第四章

需要层次理论

亚伯拉罕·哈罗德·马斯洛
美国著名社会心理学家，提出了人本主义心理学

亚伯拉罕·哈罗德·马斯洛（Abraham Harold Maslow，1908—1970），是美国著名的社会心理学家。他提出了集精神分析心理学和行为心理学于一体的人本主义心理学，蜚声世界。

1951年，马斯洛受邀担任成立伊始的布兰代斯大学心理学系主任。此时，他身上就肩负着开创心理学学科的重大使命。在担任系主任期间，他对学术研究产生了更为浓厚的兴趣。1954年，马斯洛完成了人本主义心理学的奠基性著作《动机与人格》，这使他享誉全美，他的理论被公认为20世纪50年代心理学领域最重要的成就之一。

1958年，马斯洛在墨西哥以度假的名义进行自由式研究，奠定了人本主义心理学领域的基础。

在关注动机与人格之后，马斯洛将注意力转向了另一个心理学概念"高峰体验"，这也是他最有影响力的研究内容之一。他的自我实现理论不仅在学术领域广为人知，在业界也让管理者意识到激发员工的动机应该从金钱刺激转移到关心员工本身。随后，"自我实现"和"高峰体验"逐渐成为主流的公共术语。

1970年，马斯洛首次提出了另外两种需要：认知的需要和审美的需要。从那时起，马斯洛的需要层次又增加了两个。此后，马斯洛一直希望将理论研究应用到实际管理中，并为此做了大量的工作，但他仍没停止追寻心理学和管理理论真理的脚步，直到1970年他去世，他还留下了许多没有完成的项目。

需要层次理论的内容

在马斯洛看来，人的价值体系存在两种不同的需要。一种是低级需要，它们是沿着生物谱系的上升方向逐渐减弱的本能或冲动；另一种是高级需要，它们则是随着生物进化而逐渐出现的渴望或潜能。虽然需要的形式纷繁复杂，但是概括来说每个人的内心都潜藏着五种不同程度的基本需要，每一种需要的紧迫性在不同的时间、不同的阶段是不一样的，最迫切的需要才是人类行为的主要原因和动机。人的需要逐渐由外部满足向内部满足转变。[一]

这五类需要按照从低到高的层次排列，依次是生理需要、安全需

[一] 杨韶刚. 人性的彰显：人本主义心理学[M]. 济南：山东教育出版社，2009.

要、社交需要、尊重需要和自我实现需要。

为什么说这五类需要有排列顺序呢？笼统的理解是，如果一个人缺乏能够充饥的食物，那他最迫切的需要便是食物，这个时候去给予他安全、爱和尊重可能并不切合实际。如果一个人已经做到了衣食无忧，那么，他下一步最需要的便是安全，而只有当人们从生理需要中解放出来时，更高的、更社会化的需要才可能出现。

具体来说，需要的五个层次如图 4-1 所示。

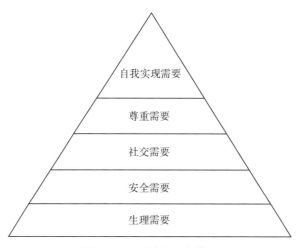

图 4-1 需要层次理论模型

第一层次：生理需要。生理需要是人最原始、最基本的需要，如衣食住行、医疗保健等。如果它们得不到满足，生命就可能会有危险而得不到延续。因此也可以理解为生理需要是最底层也是最基本的需要，在无法满足的情况下，它是驱使人们行动的最强大动力。当一个人的生理需要占主导地位时，其他所有需要都退居次要地位。

第二层次：安全需要。安全需要不仅是身体安全，也包括工作安全、职业安全、财产安全。它表示的是一个人对生活稳定、免于灾难和有所保障的渴望。安全需要是第二层次，这意味着只有生理需要得到满足时，人们才会产生对应的安全需要。其实，每个人都会有对安全、自由和被保护的渴望，只是程度有所不同，这种需要具体表现在：

- 物质方面，如操作安全、劳动保护和医疗保健。
- 经济方面，如避免失业，避免意外事故，病有所医，老有所养，住有所居。
- 心理方面，如希望受到保护，能得到公平待遇，拥有处理工作的能力和信心。

第三层次：社交需要。社交需要也叫情感需要，是指个体从家庭、团体、朋友和同事那里获得关心、友爱和理解，渴望能够获得友谊、信任和温暖的需要。情感需要相对来说是比较微妙和难以捉摸的，而且每个人对于情感需要的迫切程度也有所不同。它与性别、性格、经历、生活习惯甚至是宗教信仰都有所关联。

第四层次：尊重需要。每个人都希望自己能拥有受人尊重的社会地位，希望自己的观念、能力和成就能得到别人的认可。这种认可便是人们对于得到尊重的需要。尊重需要可以分为两个部分：内部尊重和外部尊重。前者是指自尊，即一个人想要变得更加强大、能干、可靠、独立和自信的需要；后者是指一个人希望自己有卓越的地位、权威，能够得到别人的敬重和赞扬。

第五层次：自我实现需要。作为最高层次的需要，它是指实现自己的理想和抱负，最大限度地发挥自己的能力，达到自我实现的状态，也就类似孔子所说的"从心所欲不逾矩"。做自己想做的事，这样才会感到最大的幸福和快乐。马斯洛认为，要想达到自我实现，每个人可以采取的途径是不同的。自我实现最根本的需要就是努力实现自己的潜能，使自己越来越成为自己所期望的那样。

理论评价

1. 理论贡献

首先，马斯洛提出人的需要有一个由低到高的发展过程，在一定程度上符合人的需要发展的一般规律。一个人从出生到成年的需要发展过程基本上遵循马斯洛提出的需要层次。当然，关于自我实现是不是人类的最高需要存在争论。但他关于需要具有从低到高的趋势这一观点，是毋庸置疑的。

其次，马斯洛的需要层次理论指出，在每个时期，一种需要是主导的，而其他需要是从属的，这对管理很有指导意义。它告诉管理者重要的管理资源必须用于满足员工最重要和最迫切的需要。例如，一项调查显示，员工最常见的是缺乏社交需要，所以提高工资可能在这个时期就不是最有效的激励措施。

最后，马斯洛的需要层次理论是建立在人本主义心理学的基础上的。他认为人的内在力量不同于动物的本能，人的本性要求内在价值和内在潜能的实现。人的行为受意识支配，人的行为具有目的性和创造性。

2. 不足之处

首先，马斯洛过分强调了基因、遗传在人的发展中的作用，他认为人的价值观念是一种先天的因素，而自我实现则是这种先天潜能自然成熟的过程，但社会的影响限制了人的自我实现。这个观点其实是片面的，实际上，人的价值取向很多时候受到后天客观环境因素的影响。

其次，马斯洛需要层次理论具有一定的机械主义色彩。一方面，他提出了人类需要发展的总趋势，另一方面又把每一层次的需要看作一种机械的向上运动，忽视了人的主观能动性和个人追求，忽视了需要之间的主次关系可以通过思想教育或其他刺激而改变。

最后，马斯洛的需要层次理论只注意了一个人的各种需要之间的垂直联系，而忽略了一个人往往同时有多种需要，这些需要之间会相互矛盾，从而导致动机的复杂性。

马斯洛的需要层次理论也是有争议的。道格拉斯·T.霍尔（Douglas T. Hall）和哈利勒·E.诺格（Khalil E. Nougaim）进行了为期五年的研究，但是遗憾的是，他们并没发现足够的实验证据来证明马斯洛需要层次理论的存在。[一]就算这种层次结构确实存在，它们之间也不存在绝对的、必然的联系。随着主管人员的晋升，他们的生理需要和安全需要的重要性逐渐降低，而社交（或者说归属感）、尊重和自我实现需要的重要性则有增加的趋势。也就是说，需要层次的提高可能单纯只是社会地位、生活品质的提高而导致的，并不是较低层次的需要被满足后自发产生的。换句话说，需要并没有层次之分。然而，我们也可以认为，随着一个人的地位上升，生理需要和安全需要在很大程度上得到了满足，所以其他方面的需要才会明显增强。

管理启示

马斯洛的需要层次理论具有非常重要的现实意义。解读这一理论，

[一] HALL D T, NOUGAIM K E. An examination of Maslow's need hierarchy in an organizational setting[J]. Organizational behavior and human performance, 1968, 3（1）: 12-35.

我们可以得出以下结论。

（1）五种需要像阶梯一样由低到高逐级提升，但顺序不是完全固定的，有各种例外情况。

（2）需要层次理论有两个基本出发点。第一个出发点是每个人都有需要，某一层的需要得到基本满足后，后面一层需要才会出现。第二个出发点是需要的满足具有先后顺序，先满足最迫切的需要，然后再满足众多其他需要，否则无法起到理想的激励效果。

（3）一般来说，当某一层次的需要得到相对满足后，就会向更高层次发展，对更高层次需要的追求就成为人的行为驱动力。因此，在这个阶段获得基本满足的需要不再是主要的激励因素。

（4）这五种需要可以分为两个层次，其中生理需要、安全需要和社交（情感）需要属于较低层次的需要，可以通过外部条件来满足；而尊重需要和自我实现需要属于较高层次的需要，只能通过内部因素来满足。此外，低层次的需要是有限度的，当得到满足后激励效果就会大打折扣，但是人们对于尊重和自我实现的需要是无止境的。同时，虽然人们在同一时期可能存在多种不同的需要，但是总有一种最关键的需要占据支配地位，这种需要不会因为更高层次需要的满足而消失。各个层次的需要相互依赖、相互重叠。高层次需要发展后，低层次需要仍然存在，但它对行为的影响会大大减弱。

（5）马斯洛等行为心理学家认为，一个国家大多数人的需要层次与该国人民的经济发展水平、技术发展水平、文化教育水平直接相关。在发展中国家，生理需要和安全需要占主导的人口比例较大，而高层次需要占主导的人口比例较小；在发达国家，情况恰恰相反。在同一个国家的不同时期，人们的需要会随着生产水平的变化而变化。戴维

斯对美国 1935 年和 1995 年的情况做了一个估计，如表 4-1 所示。⊖

表 4-1　1935 年与 1995 年主导需要对比　　　　（%）

需要种类	1935 年占比	1995 年占比
生理需要	35	5
安全需要	45	15
社交需要	10	24
尊重需要	7	30
自我实现需要	3	26

了解员工的需要是运用需要层次理论对员工进行激励的重要前提。不同组织、不同时期以及不同组织内部的不同人员的需要是多样化的，而且经常变化。管理是有成本的，毫无疑问，管理者应该把管理资源投入到能够产生最大管理效益的地方，也就是最能激发员工工作积极性的地方。因此，管理者应该经常通过各种方式进行研究，找出员工在某个时间点未被满足的主流需要是什么，然后提供有针对性的激励措施。

⊖ HEER D M. Kingsley Davis: a biography and selections from his writings[M]. New Brunswick: Transaction Publishers，2005.

CHAPTER 5
第五章

双因素理论

弗雷德里克·赫茨伯格
美国心理学家、管理学家、行为科学家，双因素理论创始人

弗雷德里克·赫茨伯格（Frederick Herzberg，1923—2000）是著名的美国心理学家、管理学家、行为科学家。而他最为知名的学术贡献便是创建了双因素理论。赫茨伯格在纽约市立大学获得学士学位，在匹兹堡大学获得博士学位，曾在30多个国家从事管理教育和实业的咨询工作。他担任过犹他大学（University of Utah）的管理学高级教授，主要著作包括《工作与人性》《工作的激励因素》《管理的选择：是更有效还是更有人性》等。

双因素理论的产生及其内容

双因素理论，又称激励-保健因素理论。20世纪50年代，赫茨伯格和他的研究团队对美国11个商业机构的200余名工程师、会计师进行了调查研究，研究的问题包含"你什么时候对你的工作非常满意""你什么时候对你的工作特别不满意""你为什么对你的工作感到满意/不满意"等，并要求受访者进行回答。实际上，这项研究就是为了检验人们是不是在工作中会产生两种不同类型的需要，即作为动物避免危险和免除痛苦的需要，以及作为人类不断发展和成长的需要。这些访谈主要集中在两个问题上：人们对工作中哪些方面感到满意，并估计这种积极情绪能持续多久；人们又对哪些方面感到不满意，以及这种消极情绪能持续多久。赫茨伯格以这一研究材料为基础，研究了哪些因素会让人们在工作中感到快乐和满足，又有哪些因素会让他们感到不快乐和不满足。经过调查研究发现，导致员工满意和不满意的因素都是客观普遍存在的，可以称为保健因素和激励因素。这两个因素对员工的激励起着重要的作用。据此，赫茨伯格提出了双因素理论。

（1）保健因素。赫茨伯格在对1 844个案例进行分析、归纳和总结后发现，员工不满的主要原因无外乎公司的政策、行政制度、监督强度、工作条件、工资薪酬、职业地位、人身安全以及令人不愉快的人际关系。如果这些因素得到改善，虽然不能使员工变得很满意，也不能真正激发员工的工作积极性，但是可以减缓甚至消除员工的不满，所以这种因素可以称为保健因素。保健因素的满足对劳动者的影响类似于市面上的保健品对身体健康的影响，它并不能根治某些让人觉得难受的疾病，但具有预防疾病的作用。当这些因素恶化到可接受的水平以下时，就会导致员工对工作产生不满。然而，当人们认为这些因素令人满意的时候，这只能消除不满，并不能带来一种积极的状态。研究表明，如果连保健因素都无法满足的话，那员工很可能会产生不满的情绪，于是就会消极怠工，甚至引发罢工等反生产工作行为。

（2）激励因素。赫茨伯格在对另外1 753个案例的调查中发现，企业中还存在着让员工能够感到非常满意的因素，比如工作中的成就感、工作本身的挑战性、社会对工作绩效的认可、责任感和职业中能够带来的个人发展与成长。如果企业在这些因素上满足了员工，那么可以直接有效地激发员工的工作热情，促进他们正向的工作动机。因此，识别并有效利用激励因素，日渐成为管理者调动员工积极性、提高生产效率的策略。研究表明，如果这些因素处理不当，会导致员工不满，虽然无关大局，但会严重影响工作效率。[⊖]

赫茨伯格在研究过程中还发现，如果把激励因素和保健因素混合使用，可能会降低一个人在工作中的内在满足，造成内在动机的萎缩，从而导致个人动机的丧失。比如，一个员工完成了具有挑战性的工作，管理者对他的表现予以高度表扬便是激励因素，但是如果同时给了他一笔奖金，可能会导致他认为自己的工作动机不是为了自我实现，而是为了拿到这笔钱，这对他的内在动机而言，反而是削弱。因此对于保健因素和激励因素的运用，管理者需要格外谨慎。

⊖ 赫茨伯格，莫斯纳，斯奈德曼.赫茨伯格的双因素理论[M].张湛，译.北京：中国人民大学出版社，2009：69.

双因素理论解析

赫茨伯格的双因素理论与马斯洛的需要层次理论、麦克利兰的成就需要理论一样，主要是试图说服管理者关注与工作绩效相关的某些因素，从而将管理资源投入这些方面。双因素理论之所以成为备受争议的激励理论之一，是因为它具有两个独特的方面。第一，它区分了工作场景中哪些因素可以导致满意，而哪些只能防止不满意。第二，工作满意度和不满意度并非存在于一个单一的连续统一体中。赫茨伯格认为，适当提高工资、改善人际关系和提供良好的工作条件等传统的激励内容，也许在一定程度上可以消除不满，防止问题的发生，但这些传统的激励因素并不能产生积极的激励。也就是说，保健因素是必要的，因为它可以消除员工心中的不满情绪，但是管理者同时也要意识到它无法产生更积极的激励效果，只有激励因素才是激发员工动力的关键因素。

另外，双因素理论也告诉我们，满足各种需求所带来的激励程度和有效性是不同的。物质需求是必须得到满足的，否则会导致员工感到不满。但是，即使得到了满足，它的激励效果也是非常有限的，而且难以持续。因此只有在注意物质福利、工作条件等外部因素的同时，实现人岗匹配，各得其所，在精神上关心人、鼓励人、开发人，给予成长和晋升的机会，才能真正充分地调动员工积极性。随着温饱问题的解决，这种内在动机激发的重要性越来越明显。

可以发现，赫茨伯格的双因素理论其实和马斯洛的需要层次理论有异曲同工之妙。笼统地说，保健因素就类似于马斯洛提出的生理需要、安全需要和社交需要等较低层次的需要。激励因素类似于尊重、自我实现等更高层次的需要。当然，我们也不能将这种相似关系直接画上等号，它们之间也存在一些差异，需要结合具体情况进行分析。

理论评价

1. 理论贡献

首先，双因素理论不仅揭示了满足人的不同需要对激励员工的意义，而且区分了不同因素对人的活动的不同影响。赫茨伯格的双因素理论提醒管理者，采取一定的激励措施并不一定会带来满意，更不一定会提高劳动生产率。赫茨伯格将人的需要划分为激励因素和保健因素，实际上是指出了激励人的行为的内部力量和外部条件。这一发现提醒管理者不能只期望通过外部激励来鼓励员工，而必须重视内部激励，并启发管理者充分认识到从员工心理和工作本身两方面来实行激励的重要性。

其次，双因素理论是对马斯洛需要层次理论的继承与发展。同时，该理论进一步细化了需要层次理论，更容易被管理者接受。赫茨伯格的研究也得到了其他研究者的响应。美国学者罗森等人在1981年公布了研究结果，他们在调查了美国的128位企业管理者后发现，在与管理工作有关的8种动机中，成就感和工作挑战感，即赫茨伯格所提到的激励因素，被认为是管理者选择职业最重要的动机。[1]

2. 不足之处

第一，因素之间的区分过于严格。事实上，我们可以从赫茨伯格

---

[1] 任峻山，王正元，高在朗，等. 我国激励因素调查及对双因素理论的修正 [J]. 管理世界，1987（4）：12.

的调查结果中看到，大多数因素是双向的，既有作为激励因素的一面，也有作为保健因素的一面，这与时间、频率和情境有关。两种因素不是非此即彼的排斥关系，而是有所联系，甚至是可以互相转换的。

第二，对满意度的衡量过于简单。双因素调查是主观的，它以满意度作为衡量员工是否具有积极性和主动性的标准。事实上，员工的满意可以表现为以岗为家而尽职尽责，也可以表现为因志得意满而不思进取。前者是员工敬业精神的表现，后者则是员工懈怠心理的表现。不满可以表现为建言献策，也可以表现为冷漠和敌意。前者是员工主动、可靠的表现，后者则是员工被动的表现。双因素理论在对各因素的满意和不满意程度进行调查研究时，既没有将被调查者的劳动生产率与满意程度联系起来进行判断，也没有将"个人需要的满足"与"实现组织目标"联系起来，只是主观上以"员工对某项因素满意就有相应的积极性和主动性"作为判断的唯一前提，因此存在主观臆测的成分。员工完全有可能因为不满意而采取积极的建言行为，这无疑属于组织公民行为；也可能因为满意而不思进取，这对于工作积极性反而有负面作用。

第三，双因素理论的研究缺乏可重复性。一些西方行为科学家怀疑赫茨伯格的双因素理论的有效性。他们做了许多相关试验，但该理论并没有得到证明。因此，赫茨伯格和他的同事的试验被一些行为科学家批评为他们自己的方法的产物。他们认为赫茨伯格的问卷没有考虑一般的归因倾向：人们总是将好的结果归因于自己的努力，而将坏的结果归因于客观条件或其他人。

第四，受访者缺乏代表性。赫茨伯格所选取的研究对象有一定的局限性，事实上，不同职业的人对激励因素和保健因素的反应不同，如蓝领工人、白领工作者和管理层这三类对象，不可能都将工资和薪水作为保健因素，也不会都将成就感作为有效的激励因素。

管理启示

在企业管理实践中，赫茨伯格的双因素理论提供了非常有价值的参考。管理者可以采取以下两种基本的做法来调动员工的积极性。

1. 直接满足

直接满足，又称工作任务内的满足。它是指一个人通过工作获得的满足感，是在工作过程中通过工作本身和人与人之间的关系获得的满足感，它能使得员工有荣誉感、责任感和成就感。直接满足让员工有学习新知识的渴望，从而习得与工作有关的技能，提高工作绩效。因此，管理者应充分重视这种方法的使用。

2. 间接满足

间接满足，也称工作任务外的满足。这种满足脱离了工作本身，更多是从工作之外获得的，比如我们常见的晋升、授衔、嘉奖或物质奖励和福利。还有一些企业会开设食堂、托儿所、职工学校等，这类员工福利实质上也是一种间接满足。虽然乍看之下，间接满足和员工所承担的工作是有一定联系的，但是因为它不是直接的，所以其实它在调动员工积极性方面存在一定的滞后性和局限性，往往会让员工觉得这些福利与工作本身无关，因此这些激励手段员工可能并不在意。㊀

㊀ 纪晓丽，凌玲，曾艳.基于双因素理论的员工工作压力源管理研究 [J]. 科技管理研究，2007, 27（9）：215-217.

研究人员认为，虽然这种满足也能显著提高工作效率，但不易持久，有时处理不当也会产生负面影响。

在实际工作中，借鉴双因素理论时不仅要充分注意保健因素，使员工不会产生不满意，更应该注意利用激励因素来激发员工的工作热情，使他们努力工作。如果只考虑保健因素，仅仅满足员工的临时需要，就无法实现有效的激励。

双因素理论也可用于指导薪酬设计。以销售人员的工资和薪酬设计为例，根据双因素理论，应分为基本工资和销售提成两部分。从激励－保健因素的视角来看，基本工资其实就属于保健因素，而销售提成则属于激励因素。对销售人员来说，薪酬设计应当遵循"低工资与高提成"相结合的模式，从而促使销售人员不满足于基本工资，而是更多地去开展新的业务，完成更多订单。因此，在管理中应用赫茨伯格的双因素理论时，首先应当对现有因素进行定性分析，明确划分出保健和激励两部分因素。其次，通过定量划分，在保证保健因素基本满足需要的基础上，尽可能增加激励因素的构成，从而最大限度地激发员工的积极性和主动性。

CHAPTER 6
第 六 章

成就需要理论

戴维·麦克利兰
获美国心理学会杰出
科学贡献奖,提出成
就需要理论

戴维·麦克利兰(David McClelland,1917—1998)是美国社会心理学家,他于1941年在韦尔斯利学院获得心理学学士学位,在密苏里大学获得心理学硕士学位,并在耶鲁大学获得心理学博士学位。他1956年成为哈佛大学心理学教授,1987年成为波士顿大学教授,直到退休。麦克利兰对管理学的重要贡献集中在人的激励理论上,主要著作有《渴求成就》《权力的两面性》《成就社会》《权力:内省经验》《成就动机可以培养》等。

在他的代表作《渴求成就》一书中,基于广泛而长期的实验,麦克利兰描述了"A型人格",

即强烈追求成就的人格,并详细描述了这种类型人格的主要特征。与此同时,麦克利兰引入了成就需要和激励理论,以找出是什么让一些人对成就的需要如此强烈。最后,他简要讨论了如何培养人的成就感,以及成就感可能会给个人、企业和国家带来哪些好处。

在麦克利兰之前,研究动机的主要是精神分析学派和行为主义学派的心理学家。以弗洛伊德(Freud)为代表的精神分析学派通过对梦的解释和自由联想等方式来研究动机。他们经常把人的行为归因于性和本能的动机。行为主义学派利用实验的方法来研究动机,使动机的强度得以衡量,主要集中在饥饿、口渴、避免疼痛等基本生存需要上,并不区分人的动机和动物的动机。麦克利兰认为他们对动机的研究有一定的局限性。他注重对高层次需要和社会性动机的研究,强调运用系统、客观、有效的方法进行系统分析。

成就需要理论的内容

麦克利兰提出了一个著名的冰山模型。在这个模型中,他把人的基本素质描绘成一座冰山,分为水上和水下两部分。水上部分是表象特征,指的是一个人的知识和专业技能,通常很容易感

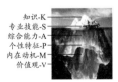

冰山模型
水上部分是表象特征,
水下部分是潜在特征

知和测量。水下部分是潜在特征，主要是指综合能力、个性特征、内在动机、价值观等深层素质，这些特征越往下越不容易被发现和感知。麦克利兰的团队经过深入研究发现，"成就动机""人际理解""团队影响力"等因素从根本上影响个体绩效。

麦克利兰经过20多年的研究，认为在基本满足生存需要的前提下，人最重要的需要是成就需要、权力需要和亲和需要。这三种需要又分为主需要和次需要，在主需要得到满足后，人们往往会要求获得更多的满足。也就是说，有成就的人更倾向于追求成就，有权力的人更倾向于追求权力，有亲密关系的人更倾向于追求亲密关系。同时，由于他认为成就需要的水平对人的成长和发展起着特别重要的作用，所以他的理论被称为"成就需要理论"。

1. 成就需要

这是指人们对成功的需要，并希望尽其所能做到最好。麦克利兰认为，有强烈的成就需要的人渴望把事情做得更完美、更成功，他们在克服困难、解决问题、努力工作的过程中追求成功以及享受成功所带给他们的成就感，对于成功带来的物质回报则并不看重。

高成就需要的人具有以下特点。

（1）为自己设定具有挑战性的目标。具有高成就需要的人，当他们可以在工作中设定自己的目标时，倾向于选择难度适中的任务。他们不做容易做的事，也不会越界去挑战非常困难的事情。麦克利兰以套圈游戏为例来解释：如果让每个人在游戏中自行决定站多远，那么不同性格的人在不受干扰的情况下会选择不同的距离。有些人为了避免失败而站得尽可能近，有些人会因为不计较成败而站得过远。而具有"A型人格"的人站得既不太近，也不太远。

（2）喜欢通过自己的努力解决问题，享受成功，不依赖偶然的机会。例如，当没有对成功的绝对把握时，高成就需要的人会现实地计算成功的概率，并尽他们最大的努力；如果几件事有相等的成功概率，那么高成就需要的人不会掷骰子或听凭运气，而是会以尽可能理性的方式制定解决问题的策略。

（3）要求对工作结果的即时反馈。高成就需要的人不喜欢需要很长时间才能看到结果的工作。他们需要努力和结果之间的直接联系，而且缺乏"积跬步以至千里"的耐心。

麦克利兰认为，成就需要在个人和群体之间是不同的。从个人来看，这种差异的形成与年龄、性别、能力、性格、经验等主观因素和工作性质等客观因素有关。从群体来看，它与社会文化、社会经济发展水平、家庭教育等因素有关。具体来说，主要有以下几个因素会影响成就需要。

- 个人教育水平。个人受教育程度越高，成就需要就越强。
- 性别和年龄因素。总体而言，男性的成就需要高于女性。但如今，这一差距正在缩小。
- 个人兴趣和专长。一般来说，个人在他们感兴趣的领域和专业知识方面有很高的成就需要。
- 亲人和朋友的期望。生活在高度重视成就的环境中的个人通常更有动力去实现目标。
- 面临工作的困难程度。当工作的难度适中，个人可以通过努力实现目标时，成就需要最强。

- 物质条件和社会环境。例如，当环境温度为 10℃时，人们的成就需要更高。当社会稳定繁荣时，人们的成就需要就会很高。

2. 权力需要

这是一种影响或控制他人而不被他人控制的需要。不同的人有不同程度的权力欲望。拥有高权力需要的人喜欢支配和影响他人，喜欢"指挥"他人，注重地位和影响力的争夺。

麦克利兰将组织中管理者的权力分为两种。一是个人权力。追求个人权力的人，其特点是围绕个人需求行使权力。他们在工作中需要及时反馈，倾向于亲自操作。二是职位权力，或者说社会化权力。职位权力要求管理者和组织共同发展，自觉接受约束，从体验权力行使的过程中获得一种满足。对权力需要高的人，容易争论，表现出健谈、直率、头脑冷静的特征；善于提出问题和要求；喜欢教训别人，乐于演讲。他们喜欢能体现自己地位的场合，并会努力取得优异的成绩，以获得地位和权力。

3. 亲和需要

这是指建立友好和亲密关系的需要，被他人喜欢和接受的愿望。麦克利兰的亲和需要与马斯洛的情感需要和奥尔德弗的关系需要内容基本相同。亲和需要是保持社会交往和人际关系和谐的重要条件。高亲和需要者的特点是他们更倾向于与他人交往，这将给他们带来快乐。这一类人更喜欢合作而不是竞争性的工作环境，希望彼此沟通和理解，他们对环境中的人际关系更加敏感。但是，关注亲和需要的管理者往往会因为强调友谊和忠诚而违反或不重视管理工作的原则，最终甚至导致组织效率的下降。

理论评价

1. 理论贡献

（1）麦克利兰指出，各种社会需要往往与人的行为协同工作，这是对马斯洛需要层次理论的批判和发展。

（2）预测绩效的最佳因素不是教育背景、技能等外部条件，而是水下的冰山，即人的深层素质。这个比喻看似简单，但蕴含着很大的理论和实践价值。它揭示了影响个人表现的最重要品质并不是我们传统上认为的那些因素。该理论提醒我们在面对最重要的管理对象——人的时候，除了要看到水面上的冰山即表象特征之外，还要更深入地看到水面下的冰山即潜在特征。这对当今的人力资源管理工作有着重要意义。

（3）完善了对权力需要的研究。虽然麦克利兰的观点有待进一步探讨，但他认为过于追求个人成就会阻碍领导工作，高亲和力也不足以维持组织的良好运行，这在领导理论中极具启发意义。

2. 不足之处

（1）社会需要基于生理需要的认识不具有概括性。麦克利兰继承了马斯洛的需要层次理论，即认为社会需要是在生理需要的基础上得到满足的，但与此相反的一些现象却难以解释。在许多人心目中，许多社会需要高于生理需要。

（2）社会需要完全来自社会影响的结果不令人信服。麦克利兰认为，社会需要是后天习得的，或是社会教育的结果，因此差异很大。他认为社会奖惩、社会经验和社会教育是社会需要重要的诱发因素，但是从深层次来看，这些需要的产生并不能排除本能和天性的作用。因此，麦克利兰从理论的角度强调人的成就需要是后天习得的，是可以改变和培养的，但对此缺乏严谨的理论证明。

（3）该理论在应用上存在局限性。麦克利兰认为，马斯洛的理论过分强调个体的自我意识、内省和内在价值，而忽略了社会的影响，失之偏颇。而麦克利兰提出的三个需要显然仅限于衣食基本满足的社会，或者可以用来激励高层人员。对生活在贫困线上的人来说，对成就的需要或对权力的需要似乎是毫无意义的。因此，麦克利兰的理论可能更适用于激励现代社会的白领阶层。对中国而言，成就需要理论在劳动密集型的制造业公司或以农民工为主要劳动力的体力工作中可能也不具有普遍适用性。

管理启示

成就需要理论较为适用于高层人员，其对领导者素质的筛选颇具实践意义。

首先，对成就有强烈需要的人很难成为有效的领导者。在过去，人们认为有强烈的实现目标的欲望是领导者的要求之一。然而，麦克利兰证明了这种看法的错误。被成就感激励的人习惯于自己把事情做得更好，并希望结果得到快速反馈，这样他们就能看到自己做得如何。但作为一个组织的领导者，不可能事事亲力亲为。对一个领导者来说，最重要的是他如何在组织的工作中引导其他人。因此，有效的领导者往往需要压制自己对个人成就的渴望，将更多的精力花在领导和推动组织完成工作上。更重要的是，领导者的工作绩效应该通过他人的工作逐步体现出来。有时候，这样的反馈需要经过很长的组织链，而且会有时间差，不可能很快得到绩效反馈信息。所有这些都与那些强烈需要成就感的人的习惯背道而驰。

其次，有强烈亲和需要的人并不能成为有效的领导者。这一点不仅得到了麦克利兰的证实，也得到了其他社会学家的证实。然而，在管理中仍然有强调领导者的人际交往能力的趋势。麦克利兰指出，高亲和需要的人有强烈的被喜欢的欲望。社会学理论认为，为了使一个组织，尤其是最常见的官僚组织正常运作，领导者应该严格按照组织的规则对待每一个人、每一件事。高亲和需要的人希望与组织中的每个人都相处融洽。他们倾向于适应某些人的特殊需要，但这种关怀的真正效果是打破组织的既定规则。一旦组织规则成为对不同人的任意对待，那些在组织中得不到照顾的人就会感到不公平，从而影响他们的工作积极性，整个组织的规则就会被打破，组织就无法正常运作，甚至会崩溃。

再次，个人权力需要强的人并不能成为高效的领导者。个人权力型领导者具有控制和征服他人的欲望，其领导行为往往是武断和专权的。在这样的管理下，士气往往很低落。但是从组织运作的角度来看，这种类型的领导者要优于追求亲和力的领导者。毕竟，前者追求的是"事业"。因此，如果在"友善"和"专权"之间进行选择，对员工来说，前者可能更受欢迎，而组织可能更喜欢后者。最终，个人权力型领导者会给组织带来很多问题。主要的问题是，在这样的领导下，员工的忠诚会转化为对领导者的个人依附，导致他们对领导者忠诚而不是对组织忠诚。如果组织由个人风格主导，当领导者离开时，就会造成组织混乱。

最后，社会化权力型领导者才能够成为高效的领导者。有较强的社会化权力需要的人，他们倾向于与他人合作来完成事情。拥有强大个人权力的领导者会优先考虑谁会在工作中听从他们的命令；而拥有强大社会化权力的领导者首先会考虑这件事由谁来负责对组织和社会最有利。麦克利兰指出，拥有高社会化权力需要的人通常具有以下特征。

（1）权力需要强，但不是自己埋头苦干的那种人。这种对权力的追求表现在用权力影响他人，而不是在支配他人的能力和欲望方面。

（2）他们可以努力了解组织成员的需要，从而更好地发挥影响力。

（3）最重要的是他们有组织责任感和强烈的团队合作意识，特别是当个人利益与组织利益发生冲突时，可以适当放弃个人利益。这就是社会化权力与个人化权力的主要区别。

（4）乐于工作。虽然人们通常认为有强烈成就欲望的人工作起来很快乐，但麦克利兰认为事实恰恰相反。一般来说，有强烈的成就欲望的人会尽量用最少的努力取得最好的结果，也就是说，他们注重工作的"性价比"。他们总是想办法用更少的精力做同样的工作。如果代价相同，他们就会寻求更好的结果。

（5）注重公正。因为社会化权力是以公共利益为基础的，所以他们认为那些为组织和社会的利益做出贡献的人应该得到应有的回报。

（6）高成熟度。拥有强大社会权力的人往往做事更老练、眼光更长远。他们不局限于眼前的事物，习惯于从整体上考虑问题。一般来说，他们愿意听取别人的意见，尤其是专家的意见。

成就需要理论在管理实践中给我们不少启发，它有助于组织挑选到合适的领导者，而且对于如何实现领导者的个人成就，一个好的领导者如何通过调动整个组织的力量、通过他人去完成工作以及通过组织的成就来实现个人成就，提出了不少有意义的见解。

CHAPTER 7
第七章

期 望 理 论

20世纪30年代，德国心理学家库尔特·勒温（Kurt Lewin）和美国心理学家E.C.托尔曼（E. C. Tolman）的认知理论研究为期望理论的发展奠定了基础。勒温和托尔曼分别对人类和动物进行了大量的实验后，发现了一个共同的模式：人和动物的行为都有一定的目的，本能地追求他们想要的，避免他们不喜欢的。因此，他们倾向于在采取行动之前进行一系列的推测，分析与行动结果相关联的可能效益，并根据效益的价值和实现的可能性来调整自己的行为。

后来，美国心理学家弗鲁姆进一步对人类行为的内在原因进行了系统的研究。他在其著作《工作与激励》（1964）中提出了期望理论模型，这个模型的核心便是期望公式与模式。

弗鲁姆与期望理论

维克托·弗鲁姆
著名心理学家和行为科学家，期望理论奠基人

维克托·弗鲁姆（Victor Vroom）是一位著名的心理学家和行为科学家，期望理论的奠基人。他曾就读于加拿大麦吉尔大学，在那里获得学士和硕士学位，然后在美国密歇根大学获得博士学位。他曾任教于宾夕法尼亚大学和卡内基－梅隆大学，长期担任耶鲁大学管理科学教授和心理学教授。

弗鲁姆对管理思想发展的贡献主要有以下两点：一是基于对组织中个体动机的研究，他率先提出了形式较为完备的期望理论模型；二是从分析领导与下属之间的决策权共享的角度，将决策方式或领导风格分为三类五种，并根据主客观条件，特别是环境因素，设计了一个树状结构判断与选择模型，通过七个层次来确定应该采用哪种决策方式。弗鲁姆最重要的两本书《工作与激励》（1964）和《领导与决策》(1973) 分别阐述了期望理论模型和领导规范模型。2004年，他获得了美国管理学会科学卓越奖，特别是他的期望理论对管理理论的发展史产生了重要影响。

期望理论的内容

期望理论，又称"效价－手段－期望理论"，是管理心理学和行为科学领域的理论。它基于以下两个前提展开。

（1）人们对于各种行为的预期结果都抱有主观的价值判断，也就是说，每个人都对预期结果存在自己的偏好。

（2）对行为动机的解释不仅必须考虑人们试图实现的目标，还要考虑他们为达到他们所偏好的结果而采取的行动。当一个人在多个结果不可预测的可能选项中做出选择时，他的行为不仅受到他对预期结果的偏好的影响，还受到他认为这些结果可能实现的程度的影响。

据此，弗鲁姆认为，人们会不会采取某一行动，其实取决于他们对该行动可能导致的结果的价值评判，以及对实现该结果的预期概率的估计。用公式可以表示为：

$$M=\Sigma(V\times E)$$

M（motivation）——激励力量，是指直接推动人们采取某种行动的动力，即激发人的积极性、激发人的潜能的力量。

V（value）——目标效价，是指实现一个目标后满足个体需求的价值的大小。它反映了个体对某一结果或报酬的重视程度和渴望程度。对每个人来说，目标可能有三种效价：正、零和负。如果某人喜欢这个结果，它就是正效价；如果忽略

$M=\Sigma(V\times E)$
式中　M——激励力量
　　　V——目标效价
　　　E——期望值

这个结果，它就是零效价；如果不喜欢这个结果，它就是负效价。效价越高，这个结果所带来的动机就越强烈。期望理论指出，效价是一个相对主观的概念，受多方面因素的影响，如个体价值取向、态度、优势需求和人格特征等。如果一个人可以在相同的条件下自由选择结果 X 或结果 Y，那么若 X 被选中，则意味着 X 比 Y 有正效价，反之亦然。对一个希望通过努力工作来获得晋升的人来说，晋升的效价是很高的；如果他对晋升漠不关心，不要求晋升，那么晋升对他来说就是零效价；如果这个人对晋升嗤之以鼻甚至害怕晋升，那么晋升对他而言便是负效价。

E（expectation）——期望值，是指个体基于以往经验的主观判断，对达到某个目的或实现某个结果的概率估计，是个体对某一行为导致某一结果的概率判断。目标效价直接反映了人的需求和动机的强弱，期望值反映了人实现需求和动机的信心。弗鲁姆认为，人们总是渴望满足某些需求，努力实现某些目标。这种尚未实现的目标，则表现为一种期望，因此，期望是指一个人根据过去的能力和经验，在一定时间内希望达成目标或满足需求的一种心理活动。[一]

设定期望是一门非常微妙的艺术。领导在给员工设定工作定额时要注意两个因素。首先，该定额是员工在努力工作的情况下可以完成的。其次，该定额可以激发员工超额完成工作的动力，这样有利于调动员工的积极性。这就是所谓的"跳一跳能摘桃"。定额如果设置得太高，会使员工失去完成的信心，他们反而会不去做，选择"躺平"；如果设置得太低，员工又会觉得实在是太简单了，不屑去做。所以不管是安排工作还是设置目标，都存在着"度"的问题，只有适度才能

㊀ 王文雪. 期望理论与员工激励 [J]. 企业管理，2011（9）：82-83.

保持员工恰当的期望值，继而激发出员工工作的积极性。

期望理论提出后，又被推广为：动机 = 效价 × 期望值 × 工具性。

其中，工具性是指客观因素，如环境、外部工具等。例如在战争等比较极端的情况下，再高的效价和期望值都无法成为预测人们行为的因素。从这一推广可以得知，虽然薪酬对大部分人来说具备很高的正效价，但是企业良好的环境、先进的设备、文化和制度都可能成为吸引人才的重要因素。

弗鲁姆认为，人们的期望并不等于现实。期望和现实之间的关系有三种可能：期望小于、大于或等于现实。这三种情况对人们的积极性有不同的影响。

期望小于现实，即期望小于实际结果。一般来说，在正强化的情况下，当提供的实际激励大于员工的期望时，"喜出望外"将有助于提高人们的积极性。但是在负强化的情况下，如惩罚员工，结果比预期的更糟糕会让人感到失望，从而产生负面情绪。

期望大于现实，即期望大于实际结果。通常在正强化的情况下，人们会有一种失望的感觉，大失所望，甚至产生一种"幻灭感"，这对激发员工的工作热情有弱化作用。在负强化的情况下，如果结果比预期的要好，因为人们已经做了最坏的准备，但结果并没有预期的那么糟糕，这自然是对人们很大的激励。员工甚至会心存感激，更专注于自己的工作。

期望等于现实，也就是说，人们的期望变成了现实，相当于"不出所料"。预期的结果是可以预见的，在这种情况下，有助于在小范围内提高人们的积极性，持续性也比较强。同时也表明期望的目标符合实际情况，各方面的判断很准确，有助于人们对自己和所面临的环境有更清晰的认识。

理论评价

1. 理论贡献

（1）该理论最突出的贡献在于它可以找出影响人们工作动机的因素，提出了效价和期望的概念，为有效激励员工提供了理论支持和实践指引。

（2）期望理论提出了目标设定与个体需要相统一的思想。人们都是有思想、会理性思考的人，他们对于自己的职业和生活都有最基本的预测，对于自己的所作所为有相应的结果预判。因此，在分析激励员工的因素时，必须认真仔细分析人们到底想从组织中得到什么。

（3）期望理论也是激励理论中为数不多的定量分析理论之一。这一理论不仅有对问题的定性解释，还十分重视定量分析，通过对各种偶然性因素的分析，正确地解释了人们在各种可能性下做出的选择。

2. 不足之处

（1）这一理论能够生效的前提是建立科学、合理、有效的绩效评价机制。只有在完善的绩效考核体系下，才能产生有效的激励作用。

（2）缺乏对主观意志过程的考虑。用人单位应注重能力、责任、权力和利益的统一，从而最大限度地激发人的潜能，发挥人的积极精神。而期望理论仅仅关注人们的行为对工作主动性的影响的可能性和必要性，忽视了人的主观意志过程，如道德意识、责任意识、规则意识、义务意识、优越感等对激发工作积极性的关键作用。

（3）适用范围有一定的局限性。期望理论是需要确定、目标确定背景下的一种激励理论，在许多需要和目标难以确定的情况下难以应用。例如，当激励因素是工作奖金和奖励时，期望理论的使用可能是有效的，但当它应用到更复杂的现实情况中时可能会失效，例如，当晋升是激励因素时，上级往往无法提前给出一个明确的答案。在这样一个不确定的环境中，期望理论的结论可能会有偏差。

管理启示

只有当行动结果的期望值和效价都很高时，才有可能产生强烈的激励。弗鲁姆的期望理论辩证地提出在激励过程中要处理好三个关系。

首先，努力与绩效之间的关系。人们总是相信"天道酬勤"，希望通过自己的努力实现目标。如果个体主观上认为实现目标的概率高，就会有信心实现目标，从而激发出强烈的努力动机。而如果他认为目标太高，实现的概率很低，他就不会通过努力来达到理想的绩效，就会失去做好工作的内在动力，最终导致懒惰。

其次，绩效与奖励之间的关系。人们总是希望"劳有所得"，当然，这种奖励包括物质上的和精神上的。如果个体认为在达到理想的业绩后，他可以得到合理的奖励，他就可能对工作有热情，否则就可能会缺乏积极性。

最后，奖励与满足个体需要之间的关系。人们总是渴望别人能"投其所好"。但是，由于年龄、性别、资历、社会地位和经济条件不同，人们最迫切需要满足的方面和程度也不同。因此，对不同的人采用相同的激励措施可能是低效的。这就说明管理者在一般情况下不应该采取通用的激励措施，而应该采取组织中大多数成员认为最有效的激励措施，有时甚至应该采取个性化的奖励。在激励过程中，要使期望概率和实际概率匹配，加强对员工进行心理引导。如果员工的期望概率过大，容易产生挫折感，期望概率过小，会降低激励力量；实际概率应使大多数人受益，最好略大于个体的平均期望概率，并与效价相适应。

目前，期望理论是人力资源管理中应用最广泛的理论之一。其理论价值体现在奖励方式的多样化和个性化上。因为目标的吸引力与个人的需要有关，所以管理者应该将物质奖励与精神奖励相结合。此外，一个人的需要受个体价值观的影响。因此，管理者有必要充分了解下属的价值观，采取有针对性的、多样化的奖励形式，使组织的奖励在一定程度上与员工的需要相匹配。

CHAPTER 8
第八章

公 平 理 论

第二次世界大战后,西方资本主义国家在企业快速生产的过程中,出现了异常尖锐的劳资矛盾,工人怠工甚至罢工的情况频发。因此,如何消除工人在工作中的不满情绪,提高工人的工作积极性,成为当时企业管理者、管理科学家和行为科学家关注与考虑的问题。在这样的背景下,人们开始对影响企业员工工作积极性的因素进行更系统的研究,其中最具代表性的研究成果是亚当斯提出的公平理论。

斯塔西·亚当斯(Stacey Adams)是美国著名的管理心理学家、行为科学家,公平理论的创始

斯塔西·亚当斯
美国管理心理学家、行为科学家,提出了公平理论

人。通过关注工资和报酬分配的合理性与公平性及其对员工士气的影响，他提出了个体如何通过"社会比较"和"历史比较"来感知公平。从1963年开始，亚当斯先后发表了《工人关于工资不公平的内心冲突同其生产率的关系》《工资不公平对工作质量的影响》《社会交换中的不公平》等著作，这些作品其实都是对公平理论的阐述与拓展。公平理论关注的是个人和组织之间的贡献与报酬的交换，即收入与报酬的关系，揭示了工资、报酬、分配的合理性和公平性与员工激励的关系。

公平理论的内容

公平理论有两个假设。

一是个人会评估他的社会关系。所谓社会关系，就是个人在支付或投资时希望获得一定回报的"交易过程"。在这种交易过程中，个人进行投资，当然期望获得一定的收益。

二是个人对公平的评价有一定的标准。一般来说，人们会将自己的情况与他人的情况进行比较，以确定自己的情况是否公平。

公平理论提出，人们的工作积极性不仅仅取决于报酬的绝对值，还与报酬分配是否公平息息相关。在报酬分配上，人们尤其会将自己的投入-产出比与他人进行比较，做出公平与否的判断，也就是说，公平感直接影响员工的工作动机和行为。就某种意义而言，激励的过程无非就是人与人之间相互比较，然后对公平与否做出判断，并以此作为后续行动的重要指标的过程。员工若感到公平，则可以获得激励，进一步努力工作；若感到不公平，则可能产生越轨行为与反生产工作行为。

根据亚当斯的说法，员工的动机取决于他对分配公平的感知程度，或称为公平感。公平感取决于横向的社会比较和纵向的历史比较。所谓社会比较,是指员工将获得的物质和精神上的报酬与自己的投入的比例,去和他人工作回报与投入的比例进行比较。所谓历史比较,是指员工将工作报酬与自己的工作投入的比例,与自己某一段历史时期的比例进行比较。[○]

每个人都会有意无意地进行这些比较。当社会比较或历史比较的结果表明自己的薪酬收入和支出的比例与比较对象相等时,他感到待遇公平,于是心理平衡,心情愉快,努力工作。如果他认为他的收入比过去高,或者他的收入比别人高,他就会有感激之情。如果现在的比例没有以前高,或者自己的比例没有别人高,那么他会觉得自己受到了不公平的对待,从而产生消极甚至怨恨的情绪,影响工作积极性。

需要着重指出的是,世界上没有绝对的公平。公平或不公平更多是一种主观感知,而非客观存在。每个人都出于自己对事物的认识,得出公平或不公平的判断。而且,因为各种原因,人们通常都会过高地估计自己的投入而过低地估计自己得到的报酬。这也是组织中很多人都会产生不公平感知的原因所在。

理论评价

1. 理论贡献

(1)公平理论指出,激励效果不仅受薪酬绝对值的影响,还受薪酬相对值的影响。在实施激励的过程中,管理者要注意对员工进行心理引导,使他们树立正确的公平观念。

○ 王悦,周长群. 公平理论在薪酬管理中的应用 [J]. 管理观察,2002,4(3):79-80.

（2）公平理论研究的成果之一在于公平感的维度以及各个维度的影响差异。研究公平感知内部结构的理论已经相当丰富。双因素理论包含两个维度：分配公平和程序公平。三因素理论认为公平包括分配公平、程序公平和互动公平。四因素理论将公平维度进一步拓展成为分配公平、程序公平、人际公平和信息公平，而这一点在当今信息时代也格外适用。其中，分配公平主要影响个体相关的结果变量，程序公平主要影响组织相关的结果变量，人际公平主要影响与员工关系有关的结果变量，信息公平是指信息渠道和机会获取的相对公平。

2. 不足之处

（1）信息不完全往往使人际比较偏离客观现实。公平理论的核心是与他人比较，因此比较的结果是否符合客观现实，取决于人们对比较对象的投入和产出是否有完整的信息。在现实中，人们往往对比较对象的投入和产出没有足够的了解，经常将自己的实际情况与他人的不完全信息进行比较。因此，即使现实原本是客观合理的，主观上也可能会感到不公平。

（2）主观评价容易使比较失去客观标准。公平感是一种主观感受，认知主体的价值观念、知识经验和世界观对其主观认知有很大的影响。因此，不同的个体对相同奖励的效用和相同投入的价值可能会有不同的评价。例如，一些人认为物理层面的薪酬比晋升更重要，而另一些人认为晋升更重要；一些人认为学历更重要，而另一些人认为经验更重要。这就使社会比较失去了客观标准，即使两个人的投入和产出比完全相同，双方仍可能都感到不公平。

（3）丰富多样的投入和产出形式使比较变得困难。根据公平理论，投入和产出有许多具体的表现形式。在现实生活中，具体的投入形式往往因人而异。例如，知识型员工更注重脑力劳动，这是无法量化的。管理者的管理工作也难以被客观衡量。不同个体在年龄、性别、教育程度、经验、技能、资历、职位、努力程度等方面不可能完全相同，因此对投入的比较容易带有员工主观感知的偏差。如何认识个体素质与工作性质之间的差异，也是应用公平理论时必须考虑的重要问题。

管理启示

公平理论帮助管理者清晰且深入地了解员工公平感的来源，也为管理者尽可能公平地对待每一个员工提供了一种方法，对组织管理具有很大的启示意义。

首先，管理者应该引导员工形成正确的比较观念。事实上，社会比较和历史比较是客观存在的，而这种比较往往是基于个人的主观感受，人们在内心往往会高估自己的贡献和作用，低估他人的绩效和努力程度，总认为自己的薪酬较低，导致感到不公平。随着信息技术的发展、组织透明度的提高以及人们交际范围的不断拓展，员工进行比较的范畴也越来越广，这就容易增加员工感到不公平的可能性。管理者应该引导员工进行正确、客观的比较，多看到别人的优点，认清自己的不足，同时选择更加现实的比较基准，多立足于自己所在的地区和行业进行比较，尽量看到自己的未来发展，避免盲目比较带来的负面情绪。

其次，员工的公平感会影响整个组织的积极性。事实表明，员工的正义感不仅直接影响其个人行为，而且通过个人行为影响整个组织的积极性。在组织管理中，管理者应努力营造公平的氛围，如正确引导员工的言论，减少非正常舆论传播造成的负面情绪；开展有效、定期的沟通，了解员工在工作和生活中的实际困难，并及时帮助解决；照顾弱势群体；在程序和任务上尽可能透明、公平，减少员工的相互猜测、怀疑。其中比较有效的方式便是建立申诉渠道，及时了解员工的疑惑和负面情绪。

再次，管理者的管理行为要坚持公正客观、严谨透明。管理者的榜样作用不可忽视，上层的行为是否公平，将直接影响员工对比较对象的选择。例如，如果管理者做了不公平的事情，那么员工会选择管理者明显更偏爱的员工作为比较的基准，这会增加比较结果的反差，导致不公平心理的产生。因此，组织管理者应该平等地对待每一个员工，公平地处理每一件事情，奉行"对事不对人"的原则，避免因情绪因素导致的不公平管理行为，努力做到程序公平、结果公平和互动公平。

最后，奖励的分配要有利于建立科学的激励机制。员工薪酬分配应体现"多劳多得，质优多得，责重多得"的原则，坚持精神激励与物质激励相结合的方法。在物质奖励的分配上，要正确运用竞争机制的激励作用，构建合理的绩效分配标准，体现公平。在精神上，要通过关怀、鼓励、表扬等方式，使员工感受到自己得到了领导的重视，甚至帮助他们体验到自我实现的快乐。

总之，管理者应该制定一套奖励分配制度，让员工感到公平、愿意参与，并提供意见反馈和情绪宣泄的通道。公平感与个人所持的公平标准有关，不同的人有不同的公平标准。因此，在制定分配制度时，管理者应该尽量了解组织中员工所持的公平标准是什么，员工更看重个人贡献、社会责任还是工作效率。在客观调查的基础上，选择能够最大限度地使员工感到公平的分配制度。这样可以有效激励员工，带来更好的工作绩效。

CHAPTER 9
第九章

强化理论

俄罗斯著名生理学家巴甫洛夫（Pavlov）首先提出了强化的概念。在他的经典条件反射理论中，强化是指伴随条件刺激物之后的无条件刺激的呈现，这是一个被动的、自然的、特定的过程。在斯金纳的操作性条件反射中，强化是一种人为的操纵，是指伴随行为的奖惩过程，有助于行为的重复出现。

根据实验，斯金纳创造性地归纳和发展了巴甫洛夫条件反射理论和约翰·B.华生（John B. Watson）的行为主义理论，并提出了以操作性条件反射为基础的强化理论。对管理学而言，强化理论是科学分析激励机制的理论平台。尤其重要的是，斯金纳通过大量的实验，对强化机理、强化物质、强化过程、强化操作等方面进行总结，形成了系统的理论。其中，"正强化优先"的观点在实际管理中得到了广泛应

用。他发明的"斯金纳箱"至今仍是心理学研究的标志性工具。（见图 9-1）①

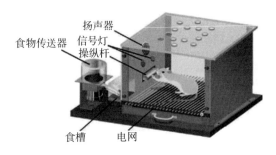

图 9-1 "斯金纳箱"

伯尔赫斯·弗雷德里克·斯金纳
美国心理学家，新行为主义学习理论的创始人

伯尔赫斯·弗雷德里克·斯金纳（Burrhus Frederic Skinner，1904—1990），美国心理学家，新行为主义学习理论的创始人。他也是操作性条件反射理论的创始人，并创造了斯金纳箱——一种用于研究动物学习的工具。他 1950 年当选为美国国家科学院院士，1958 年获得美国心理学会颁发的杰出科学贡献奖，1968 年获得美国总统颁发的国家科学奖。

斯金纳笔耕不辍，著作等身。自 1930 年以来，他发表了 100 多篇论文和 12 部著作。主要著作有：《有机体的行为：一种实验的分析》《科学与人类行为》《语言行为》《学习的科学和教学的艺术》《教学机器》《强化时间表》。这些著作全面阐述了操作行为主义理论及其在教学领域的应用。他还

---

① 张大均.教育心理学[M].2 版.北京：人民教育出版社，2004.

运用操作行为主义理论解释社会生活问题，出版了《沃尔登第二》《自由与人类的控制》《超越自由与尊严》等小说。这些作品在美国社会引起了强烈反响和巨大争论。

强化理论的内容

激励在管理中的作用是众所周知的，但是如何使激励有效，很多有经验的管理者也感到困惑。从经济逻辑的角度来看，激励要发生作用至少应基于以下几个前提。

- 激励提供了激励接受者所需要的东西，并能引起接受者的获得欲望。
- 激励提供的东西必须具有稀缺性和排他性。共享激励会在一定程度上挫伤热情。
- 激励效用是一条曲线而不是一条直线，因此要注意激励效用的边际递减性。要合理运用激励，过犹不及。

在此前提下，管理学家提出了许多激励理论和模型，其中斯金纳的强化理论至今仍具有重要的理论和实践意义。他的强化理论可以分为强化学习理论和强化管理理论。

起初，斯金纳只把强化理论用于训练动物，如军犬和马戏团的动物。后来，斯金纳进一步发展了强化理论，并将它应用到人们的学习中。他强调，学习要遵循"小步走""及时反馈"的原则，我们应该把大问题分解成许多小问题，一步一步解决。他还把程序化教学程序放进机器里，对人进行教学，发明了程序化教学方法和教学机，效果良好。

斯金纳认为行为的改变是强化的结果，而人类学习的关键是强化。当一个动作后面跟着一个强化刺激时，这个动作的强度和出现的可能性就会增加。这里增加的不是刺激－反应之间的联结，而是反应发生的一般趋势，也就是反应发生的概率会提高。

在《语言行为》一书中，斯金纳基于对动物的操作性条件反射实验，认为儿童的语言习得主要是通过后天学习，也即通过操作性条件反射来实现的，就像学习其他行为一样。当婴儿发出接近成人的声音时，成人会加强这些声音，使这些声音在孩子的发声中逐渐占据主导地位，婴儿也会逐渐从无意义的咿呀学语过渡到掌握有意义的言语。

斯金纳指出，任何能提高反应概率的刺激或事件都被称为强化因素。在强化过程中，我们可以运用普雷马克原理（Premack principle），即用高频活动作为低频活动的强化物，或者用人们喜欢的活动来加强人们对不喜欢的活动的参与，比如，"当你吃完这些蔬菜，你就可以出去玩"。如果一个学生喜欢做手工模型，但是不喜欢读书，那可以让他在完成一定的阅读任务后允许他去做模型。○

强化在管理中的应用

所谓强化，是指增加已经发生的某种行为的重复次数或减少发生次数的措施。人类参与的许多行为都是操作强化的结果，如步行上学、阅读和写作、回答问题等。斯金纳的强化理论指出，在操作性条件反射模式中，如果某一个反应后面跟着一个强化，那么在类似的环境中出现这种反应的概率就会提高。因此，管理者可以通过强化手段营造

○ 谢应宽 .B. F. 斯金纳强化理论探析 [J]. 贵州师范大学学报（自然科学版），2003，21(1)：110-114.

有利于实现组织目标的环境和氛围，使组织成员的行为符合组织目标。

根据强化的性质和目的，可以将强化分为正强化和负强化。在管理中，正强化是对组织认可的行为进行奖励，从而提高这种行为的频率和强度。负强化是通过惩罚来减少和弱化与组织不相容的行为。正强化的方法包括发放奖金、认可、表扬、改善工作条件、准许晋升、给予学习和成长的机会等。负强化的方法包括批评、惩罚、降级等。有时不给予奖励或少给予奖励也是一种负强化。

具体来说，正强化物的效用可以从两个层面上理解。在一个层面上，如果一种行为给行为人带来快乐和满足，比如给予食物、金钱、赞扬和爱，行为人就会倾向于重复这种行为。在另一个层面上，如果某一行为能够减少或消除行为人的不快和厌恶，如减少噪声、责骂等，行为人也会倾向于重复该行为。同样，负强化物的效用可以从两个层面上理解，分为惩罚性强化物和消退性强化物。惩罚性强化物是指会给行为人带来不快的东西，它会削弱行为人的行为倾向。消退性强化物是指减少或消除行为者的愉悦，并使行为者倾向于终止或避免重复行为的强化物。

正强化和负强化的区别应该根据它们的效果来决定。例如，限制孩子获得某一玩具的欲望很可能会极大地激励孩子获得该玩具。在现实中，越是被禁止的东西，它往往越受欢迎；越不容易得到，就越令人向往。事实上，这种禁止具有积极的强化作用。与此同时，对某一行为不适当的夸张赞扬很可能会引起反感，削弱该行为。比如夸大了对别人的赞誉，那很可能会让对方反而不太愉悦。在这种情况下，夸赞起到了消极的强化作用，强化效果可能会适得其反。

对于管理中的强化，应掌握以下原则。

（1）根据强化对象的不同，应采取不同的强化措施。人们的年龄、性别、职业、教育、经历不同，导致他们的需要不一样，所以强化方法要有所区别。

（2）分阶段设定目标，明确目标，循序渐进。激励人首先要有一个明确的、鼓舞人心的、可行的目标。只有目标明确、具体，才能衡量并采取适当的强化措施。同时，要将目标分解为许多小目标，并及时对每一个小目标进行强化，这样不仅有利于目标的实现，而且可以通过不断激励来增强信心。

（3）及时反馈。所谓及时反馈，就是通过一定的形式和渠道，及时地将工作结果告知行动者。为了达到最佳的激励效果，应在行为发生后尽快实施适当的强化。员工在实施了某种行为以后，即使管理者仅仅只是表示已经注意到了这个行为，也能起到正强化的作用。如果管理者不注意甚至忽视这种行为，这种行为再次发生的可能性就会降低，甚至不再发生。

（4）非固定时间和频率间隔的强化效果较好。因为在强化到来之前，个体的反应率会有所提高。在这样的强化程序下，个体不知道强化何时会发生，但总是有一种期待，即强化即将到来。随着时间的推移，它会成为一种习惯。也就是说，在一次进行所有的强化之后，如果不继续强化，管理者所期望的反应就会逐渐消失。不强化会起到警示作用，而固定的强化会让人产生依赖性，从而失去效果。

（5）正强化比负强化更有效。负强化尤其是惩罚可能会产生一些负面作用。斯金纳通过系统的实验观察得出了一个重要的结论：惩罚是通过呈现消极强化物或排除积极强化物来刺激反应，只是一种治标不治本的方法，它对被惩罚者和惩罚者都是不利的。他的实验证明，惩罚只是暂时降低了反应率，而不是彻底减少了反应的总数。因此，在强化手段的运用上，要注重正强化；必要时，要对不良行为进行惩罚，奖惩结合。

理论评价

1. 理论贡献

（1）为预测和控制人类行为提供了可操作的视角。斯金纳之前的心理学理论主要关注心理现象的内在方面，将心理现象视为"暗箱"，认为心理现象是不可预测的。斯金纳的强化理论通过描述行为的可操作性，极大地提高了人们预测和控制行为的能力。

（2）为社会行为和工作行为的训练与教育以及人的社会化因素的培养和形成提供了心理学上的理论依据。

（3）强化理论有助于理解和指导人们的行为。它可以被广泛用于激励和修正人们的行为。

2. 不足之处

（1）强化理论只讨论外部因素或环境刺激对行为的影响，忽略了内部因素和主观能动性对环境的反应，否定了"失败是成功之母"的训诫，认为磨难是负担而不是财富。实践还表明，强化理论仅在一些简单的操作反应中是有效的，比如动物驯化、知识学习、儿童行为教育和特定条件下的行为修正。如果将强化理论应用于成人行为的正常干预上，当人们对导致成功或失败的因素等方面的主观思维判断占上风时，强化理论往往不适用。

（2）强化理论过度归因于强化效应，认为对于任何有结果的行为，即使没有发现直接强化，也可以用间接强化来解释，这未免过于机械化。事实上，强化理论往往难以解释很多心理现象，比如赌博、"网瘾"等屡教不改的恶习，以及其他一些非理智性行为的发生等，即使使用了强力的负强化措施，仍难以改正。这也是强化理论的局限性。

管理启示

强化理论在管理实践中极为有用。在各种场景中，管理者的举动事实上都可能起着强化作用。当员工做出了被组织认可的积极行为时，不论是实质性的奖励，还是哪怕管理者的一个微笑或者几句称赞，都会使得员工此类行为出现的频率增加，工作满意度也会提升。反之，如果员工做出了不良行为，哪怕管理者只是瞪他一眼或做出一个轻微表示，也会让员工有所警觉，减少或不再出现同类行为。因此，管理者要深刻理解强化理论的内涵，在管理中正确应用强化的量和度，掌握各种进行强化的方法以及运用的时间，以获得良好的管理效果。

一般来说，强化物的选择至少要考虑三个因素：由管理者提供、被管理对象能接受、能起到应有的强化效果。对管理者来说，理解这种组合很重要，因为在最常见的激励因素中，金钱和晋升总是有限的。一旦物品不再稀缺，强化作用就会迅速消失。即使是一个微笑，过度使用也会使它显得不够稀缺，失去它的激励作用。

强化物有两种结合方式。第一种是将不同的强化因素结合起来，只要它们配置得当，就能产生强大的强化因素。第二种是根据行为关系将没有强化效应的事物结合起来，这样就有了强化效应，也就是形成条件强化物。

在企业管理实践中,关键在于如何使强化机制协调运行,产生整体效应。为此,应注意以下五个方面。

(1)以正强化为主。注意将企业的总体目标与员工的个人目标、最终目标和阶段目标相结合,对在完成个人目标或阶段目标中取得明显成绩或做出贡献的,及时给予物质和精神上的奖励,以充分发挥强化作用。

(2)负强化尤其是惩罚的使用要谨慎。负强化运用得当会促进工作,运用不当会带来一些负面影响。因此,在运用负强化时,应尊重事实,注重方法,处罚依据要准确公正,这样可以尽可能消除它的负面作用。负强化与正强化的结合一般能取得更好的效果。

(3)注意强化的时效性。强化时间对强化效果有较大影响。一般来说,强化要及时,及时的强化可以提高行为的强化反应程度,但必须注意的是,及时的强化并不意味着要随时进行强化。不规则的、意想不到的间歇性强化往往能取得更好的效果。但也有研究指出,对于不被组织认可的消极行为,管理者应采取持续的强化措施,直到这种行为不再出现,以避免"小错变大错"。

(4)根据不同情况采用不同的强化方法。不同的强化机制和强化物的效果会因人格特征和需求水平的不同而不同。因此,在运用强化手段时,应采用有效的强化方法,并随着对象和环境的变化而相应调整。

(5)利用信息反馈增强强化效果。信息反馈是强化员工的行为的重要手段,尤其是在应用目标进行强化时,定期的反馈可以使员工知道自己在生产活动中的绩效结果,不仅可以使员工得到鼓励,增强信心,而且有利于及时发现问题,分析问题形成的原因并给予指导,修正不合适的行为[⊖]。

⊖ 钟力平.斯金纳的强化理论及其应用[J].企业改革与管理,2008(2):70-71.

CHAPTER 10
第十章

归因理论

人的行为会受到个体对所处环境的理解和判断的影响,而这种理解和判断是通过知觉的作用产生的。

归因理论最早由弗里茨·海德在《人际关系心理学》中提出,但在当时并没有引起太大的关注。直到20世纪60年代,琼斯和戴维斯的《从行动到倾向性——人的知觉中的归因过程》和凯利的《社会心理学中的归因理论》的发表,才使得归因理论逐渐被心理学家所接受和认可,并且他们开始从多个不同的角度对归因理论进行探讨。

弗里茨·海德(Fritz Heider, 1896—1988)是

弗里茨·海德
美国社会心理学家,
归因理论的创始人

美国著名的社会心理学家,也是社会心理学归因理论的创始人,他出生于奥地利的维也纳。我们所说的归因是人们对已经发生的事情的原因做出的推断或感知。1944年,海德在《社会知觉与现象世界的因果关系》一文中指出,应该重视行为因果关系的研究。后来,他在作品《人际关系心理学》中重申了这一观点,并提出了归因理论。

归因理论的内容

1958年,海德在《人际关系心理学》一书中从通俗心理学的角度提出了归因理论,主要研究人们在日常生活中如何找到事件的原因。海德认为事件的原因虽然纷繁复杂,但是如果精心梳理会发现其实可归纳为两种:一是内因,也可称为性格归因,如归因于某人的情绪、态度、性格、能力等;二是外因,也可称为情境归因,如归因于外部压力、天气、情境等。在解释他人行为时,人们倾向于做出性格归因,然而人们在解释自己的行为时倾向于做出情境归因。[1]

海德还指出,人们在归因时经常使用两种原则。

一是共变原则(principle of covariation),即在许多不同的情况下,某一原因与某一结果相关,当原因不存在时,结果也不会出现,那么人们就会把出现这一结果归因于该原因。例如,如果一个人在考试前总是心情不好,抱怨很多,但在其他时候他很高兴,我们就会把他的坏心情和考试联系起来,把他的坏心情归因于考试而不是性格。

二是排除原则,它表明,如果内部或外部原因中的某一方面足以解释事件,我们就可以排除另一方面。例如,当一个恶毒的罪犯杀死

---

[1] 刘永芳.归因理论及其应用[M].济南:山东人民出版社,1998:31.

了另一个人,我们把他的行为归结为他的本性等内部因素时,就不会再归因于外部原因。海德关于环境与个人、外因与内因的归因理论成为后来归因研究的基础。

海德对归因理论的研究引发了该理论的许多扩展和延伸。其中,比较有代表性的学者有 H. 凯利(H. Kelley)、B. 韦纳(B. Weiner)等。

凯利的三度归因理论

1973 年问世的三度归因理论,又被称为多线索分析理论,是凯利提出的著名归因理论。这个理论基于海德的共变原则提出,旨在探讨人们在不确定的情况下倾向于如何做出归因。凯利发现人们从多个事件中积累不同角度的信息,然后利用"共变原则"来解决不确定性问题。

三度归因理论认为可以从三个不同的角度,从事件中收集必要的归因信息,而后做出如下归因:

- 归因于从事该行为的行动者;
- 归因于行动者的对手;
- 归因于行为产生的环境。

以教授甲批评学生乙一事为例:我们既可归因于学生乙,比如学生乙懒惰;也可归因于教授甲,比如教授甲比较严厉;又可归因于环境,比如环境使教授甲误解了学生乙。这三个原因都是可能的,问题在于要找出一个真正的原因。凯利认为,要找出真正的原因,主要使用三种信息进行判断,即一致性、一贯性和特异性。一致性是指该行为是否与其他人的行为相一致,若每个教授都批评学生乙懒惰,则教授甲的行为的一致性高。一贯性是指行动者的行为是否一贯,比如教授甲是否总是批评学生乙,若是,则一贯性高。特异性是指行动者的行为在不同情况下对不同的人是否相同,比如教授甲是否在一定情况下对学生乙如此,而对其他学生则不如此,若是,则特异性高。

基于此,针对事情我们应该如何归因,就变得有据可依。若一致性低、一贯性高、特异性低,则应归因于行动者。如果其他的教授都不批评学生乙(一致性低),教授甲总是批评学生乙(一贯性高),教授甲也经常批评其他学生(特异性低),此时我们就可以归因于教授甲。但是如果一致性高、一贯性高、特异性高,则应归因于另外一方(行动者的对手)。如果每个教授都批评学生乙(一致性高),教授甲总是批评学生乙(一贯性高),教授甲不批评其他学生(特异性高),此时我们就可以归因于学生乙。如果一致性低、一贯性低、特异性高,此时就应当归因于环境。比如其他教授都不批评学生乙(一致性低),教授甲平时也不太批评学生乙(一贯性低),教授甲只是今天批评了学生乙(特异性高),对其他学生未加批评,此时应归因于环境,可能是外部条件导致教授甲批评了学生乙。

凯利利用三种信息的高低来进行归因判断,因此他的理论也被称为三度归因理论。该理论是一个理想化的模型,人们通常不能真正得到模型所需的所有信息。在这种情况下,人们该如何解释行为呢?凯利又提出了因果图式的概念,它是指人们会从自己的生活经历中形成特定的观点来解释特定的行为。如果今天一位父亲拥抱他的儿子,可能有两个原因:一是父亲是一个温柔的人,二是儿子做了好事。但是如果我们已经形成了某种特定的观点,则可以用排除法来归因。比如,若我们知道儿子最近没有什么优秀的表现,则我们可以归因于父亲是一个温柔的人；若我们知道父亲平时一向很冷漠苛刻，则我们可以认为儿子最近做了一些让父亲开心或骄傲的事情。

对应推论理论

1965年，琼斯（Jones）与戴维斯（Davis）提出了对应推论理论。该理论认为，人们在进行个人归因时，应该从行为本身及其后果来推断行为的意图和动机。一个人掌握的信息越多，他对行为的推断就越准确。一个行为越不寻常，观察者对其原因的推断就可能越符合实际。具体来说，影响推断可靠性的因素有以下三点。

（1）非共同性结果（non-common effect）：这一点指的是行动计划之间是否存在联系。比如说一个人起来关窗户的同时又穿上了一件毛衣，那我们可以推断他感到冷了。但如果他仅仅是关上窗户，我们就无法做出准确的判断，他可能只是想要隔绝窗外的噪音而已。正是因为穿上毛衣这个不同寻常的结果，使得我们确定他关窗户就是因为感到冷了。

（2）社会期望（social expectancy）：当一个人的表现符合社会期望时，我们很难推断他的真实想法。比如参加一场聚会时，如果某位嘉宾对主人表示聚会非常开心，那我们就很难知道他内心的情绪，因为他的反馈是符合社会期望的。但是如果他离开时对人说这场聚会非常糟糕，那么我们就可以推断出他的真实态度确实是感到不开心，因为他的表述不符合社会期望或不为社会所公认。

（3）选择的自由：如果我们知道某人从事某项行动是出于自由选择，而不是出于其他外在条件的强迫，我们就会倾向于认为该行动与这个人真实的态度是吻合的。如果不是自由选择，就很难做出相应的推论。

同时，归因者的个人参与度（personal involvement）也会影响归因的结果。例如，一个人在深入参与某件事之后得出的结论更有可能与他的真实态度相符。

韦纳的三维度理论

美国心理学家伯纳德·韦纳认为，行为成功或失败的原因可以归纳为以下六个因素。

- 能力。基于自己能否胜任这份工作的评估。
- 努力。反思自己在工作过程中是否尽了最大努力。
- 任务难度。根据自己的历史经验来判断这项任务的困难程度。
- 运气。反思这份工作的成败是否与运气有关。
- 身心状态。个人的身体和心理状态是否影响工作表现。
- 其他因素。除以上五个因素之外，是否还有其他影响因素，比如环境是否公平，是否受到他人的帮助或干扰。

韦纳将上述六个因素纳入以下三个维度，作为一般人对成功或失败归因的解释。

（1）控制点（因素源），是指当事人认为影响其成败的因素来源是个人条件（内部控制）还是外部环境（外部控制）。在这个维度中，能力、努力和身心状态属于内部控制，其他维度则属于外部控制。

（2）稳定性，是指当事人认为影响其成功或失败的因素在性质上是否稳定，在类似情况下是否一致。在这个维度中，能力和任务难度这两个因素不会随情况而改变，状态相对稳定。其他的几项都不稳定。

（3）可控性，是指当事人认为影响其成功或失败的因素在本质上是否由其个人意志决定。在这个维度中，六个因素中只有一个是可以由个人意志控制的，那就是努力，其他因素都不是个人主观因素可以控制的。

韦纳从认知心理学的角度将成功和失败的原因分为三个维度，这一观点进一步发展了海德的思想，有助于人们分析行为的原因。他认为，我们对于成功和失败的归因，对后来的行为有很大的影响。如果一个人把失败归因于缺乏能力，那么他在未来的考试中还会继续失败，因为能力是一个稳定的原因；如果把失败归因于运气不好，那么就不太可能预期在未来的考试中还会失败，因为运气是一个不稳定的因素。

高成就需要的人会把成就归因于自己的努力，把失败归因于不够努力，坚信再努力一下就会获得成功。相反，成就需要不高的人认为努力工作与成就关系不大。他会把失败归咎于其他因素，尤其是能力不够；成功被认为是外部因素的结果，比如任务缺乏难度，恰好运气不错。

归因理论作为对成就需要理论的补充，强调成就取决于对过去的工作成功或失败的不同归因。如果把成功和失败都归结于自己的努力，就会增强未来努力的持续性。相反，如果把成功和失败归因于能力太低、任务太重这些原因，就会减少自己努力的持续性。运气或机会是一个不稳定的外部因素，过度归因于这一因素会导致人产生"守株待兔"的心理，这也会被有高成就需要的人所反感。总之，只有把失败的原因归结为内部和外部的不稳定因素，即努力不足和运气不好，才能继续努力进步。

理论评价与管理启示

归因理论从结果来阐述行为动机，其价值和实际效果主要体现在以下三个方面。

- 它有助于理解心理活动的因果关系；
- 根据员工的工作行为及其结果推断个体的心理特征；
- 从员工的具体行为及其结果来预测个体在特定情况下可能的行为。

正因为如此，在企业实践过程中，我们可以运用归因理论来了解员工的心理动机，改善员工的生产行为，提高其工作效率和企业绩效。但是，在运用归因理论来分析某个员工的行为动机时，要避免根据管理者个人认定的原因来进行归因，而是要尽量掌握充分的信息，基于客观情况来寻找原因，并且采取有针对性的措施。只有真正了解员工某个行为的真实原因，才能对症下药，采取有针对性的管理措施，取得好的管理效果。

CHAPTER 11
第十一章

综合激励理论

20世纪20年代以来,全球的心理学家和管理学家从不同角度研究如何预测和激发人们的动机,满足人们的需要,从而激发人们的积极性,进而提出了各种激励理论。

根据不同的研究重点,这些理论大致可以归纳为四种类型。

- 内容型激励理论:重点研究激励因素。
- 过程型激励理论:侧重于将需求和结果联系起来的心理过程。
- 改造型激励理论:关注于如何转化和改造个体行为。
- 综合型激励理论:研究导致激励过程的因素和激励心理过程。

所有激励相关的理论中,最基本的理论是需要层次理论,而其他理论则从不同的角度、以不同的方式来研究动机。其中,综合型激励理论最为全面。

莱曼·波特与爱德华·劳勒

莱曼·波特（Lyman W. Porter）是美国心理学家和行为科学家。在耶鲁大学获得博士学位后，波特成为加州大学伯克利分校和加利福尼亚大学管理学院的教授。他是美国管理协会和工业与组织心理学协会的主席。1968年他在《管理态度与绩效》中与爱德华·劳勒共同提出了"综合激励"理论。

莱曼·波特
心理学家、行为科学家、人力资源管理专家，期望激励理论提出者

爱德华·劳勒（Edward E. Lawler）是美国心理学家和行为科学家。劳勒在加州大学伯克利分校获得博士学位，在成为密歇根大学社会研究所的心理学教授和组织行为学部主任之前，曾在耶鲁大学任教。

波特–劳勒的综合激励理论在20世纪六七十年代非常有影响力，今天仍具有相当大的现实意义。它告诉我们，不要认为设定激励性目标和采取激励性措施就能确保取得所需的行动和努力，员工就会满意。激励内容、奖惩制度、组织分工、目标导向的行动设置、管理水平、公正考核、领导风格和个人心理预期等多种综合因素决定激励能否生效，要努力形成"激励—努力—绩效—奖酬—满足"并从满足转回努力这样的良性循环。

爱德华·劳勒
心理学家、行为科学家，人力资源领域最具影响力的人物之一，期望激励理论提出者

综合激励理论的内容

1. 综合激励模型的基本内容

波特－劳勒的综合激励模型是他们 1968 年在《管理态度与绩效》一书中提出的，如图 11-1 所示。

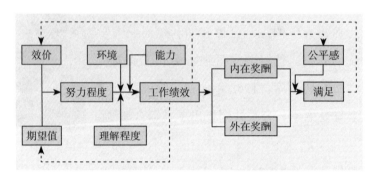

图 11-1　波特－劳勒的综合激励模型

其中，人的努力程度是指个人激励的强度和发挥的能力，它取决于个人对某种奖酬（如工资、奖金、晋升、认可、友谊、荣誉等）的主观看法和个人对努力获得这种奖酬可能性的主观估计。奖酬对个人的价值因人而异，取决于它对个人的吸引力，而每一种行为的满意度会以反馈的形式影响对奖酬价值的估计。

工作绩效是员工的绩效和实际结果，绩效不仅取决于个人的努力，还取决于一个人的能力以及对他所承担角色的理解程度（包括对组织目标、活动和任务所要求的相关知识等各种因素的理解），并受环境的影响。

奖酬是由绩效引起的奖励和报酬，包括内在奖酬和外在奖酬。内在奖酬、外在奖酬和对奖酬公平性的主观感知共同影响个人的最终满意度。内在奖酬更有可能给员工带来真正的满足感。此外，个人对工作绩效和奖酬的评价会形成员工的公平感。

满足是指个人在达到预期目标时所感受到的满意的感觉。它是一种态度、一种认知状态，是各种内在因素，如潜在的责任感、能力、成就感等的总和。

波特-劳勒的综合激励模型实际上就是综合了弗鲁姆的期望理论、劳勒的期望模型、亚当斯的公平理论和赫茨伯格的双因素理论。在这个模型中，一个人取得成就后会得到两种奖酬。一种是外在奖酬，包括工资、地位、晋升、保障等。根据马斯洛的需要层次理论，外在奖酬倾向于满足一些低层次的需要。另一种是内在奖酬，即一个人由于良好的工作表现而给予自己的奖励，如对社会的贡献感、自我效能感、成就感等。它对应于某些高层次需要的满足，与工作绩效直接相关。这些奖酬是否可以发生效用，取决于"公平感"的中介作用。也就是说，一个人会比较他得到的奖酬和他认为他应得的奖酬。如果他认为是对等的，他就会感到满足，并有动力在未来继续努力；如果他认为自己得到的奖酬低于期望值，那么即使他得到的奖酬数额不小，他也会感到不满意、失落，这将影响他未来的工作积极性。

2. 模型的特点与相关因素

- "激励"指的是一个人是否努力以及有多努力。
- 工作的实际表现受环境的影响，并取决于一个人的能力、付出努力的程度以及对所承担角色的理解程度。具体来说，"角色概念"就是一个人对自己所扮演的"角色"是否有一个清晰的认识，是否使自己的努力指向正确的方向。
- 奖酬应该以绩效为基础，而不是通过奖酬来促进绩效。当员工发现他们的奖酬与绩效的相关性很低时，奖酬就不会成为提高业绩的激励措施。
- 奖酬或惩罚措施能否产生满意感，取决于奖酬是否让人觉得公平。如果他认为这符合公平的原则,他自然会满意,否则他就会不满意。满意才会带来进一步的努力。

波特和劳勒认为,除了内容激励和过程激励外,管理者尤其要注意三个因素。

(1)能力与素质。一个人能否顺利完成任务,他的个人能力发挥着巨大的作用。因此,作为管理者,要认清人才,把人才放在最能发挥其优势的位置,充分发挥其潜力。

(2)工作条件。在选拔人才之后,还必须创造必要的条件,配备必要的资源,使其充分发挥才能。

(3)角色知觉。管理者要想让员工有出色的表现,就必须帮助员工充分了解这个角色、这个岗位或这个任务的具体要求。

理论评价与管理启示

> 将"激励—努力—绩效—奖酬—满意"这个连锁过程贯彻到员工的激励过程中

综合激励理论指出,管理者必须将"激励—努力—绩效—奖酬—满意"的过程贯彻到对员工的激励过程中,形成一个促进员工积极行为的良性循环。根据波特–劳勒模型,可以确定激励制度主要包含以下几个激励因素:奖酬、期望、能力和对角色的理解。因此,可以得出员工的激励策略包括报酬激励、精神激励和工作激励。不同的激励策略中有不同的激励方法。真正有效的激励是根据员工的特点,对各种激励方法进行有效的选择和组合。只有这样,才能更有效地激励员工,发挥他们的才能。

波特-劳勒综合激励模型是对激励过程更为恰当和全面的描述,它告诉我们激励并不是简单的因果关系,也不是简单的一一对应,只是设定了激励目标并不一定会得到所需要的行动和努力,从而使员工满意;管理者要致力于形成"激励—努力—绩效—奖酬—满意"以及从满意到努力再反馈的良性循环。综合而言,该模型确实比其他激励理论更全面地反映了个体在激励过程中的所经历的心理过程。

激励问题是一个非常复杂和特殊的个性化问题,涉及个人的效用函数和价值判断等主观因素。然而,一些人往往认为综合激励理论是一个"普遍真理",这是不恰当的。任何一种全面的激励模式都很难做到"放之四海而皆准"。虽然前人提出了很多关于动机的理论,但到目前为止,还没有一种理论能够完全总结和覆盖复杂的人类行为。

在管理实践中,波特-劳勒模型的启示如下:第一,了解员工的需求,尝试预测员工的满意度水平,从多种角度实施激励;第二,帮助员工了解自己的能力和个性、自己的角色和工作环境;第三,要想激励员工,不能简单地提高满意度,而是要加强满意度和工作绩效之间的联系,使员工能够感受到工作的成就感;第四,应该经常注意满意度和工作绩效之间的联系是否有减弱的可能,及时增加新的刺激。

综合激励模式使我们更清晰地认识到员工激励是一个非常复杂的问题。在企业的实际管理中,针对员工积极性方面可能存在的问题,要善于从不同的角度考虑激励的方式,找出问题产生的原因。管理者应该学会运用不同的理论从不同的角度提出方案来解决问题。○

○ 张芙华.波特-劳勒综合激励理论的管理启示 [J]. 社会科学辑刊, 2004(1): 4.

CHAPTER 12
第十二章

人的本性理论

道格拉斯·麦格雷戈
美国著名行为科学家，
人性假设理论奠基人

20世纪初，为了摆脱危机，当时的资本家充分利用泰勒的科学管理理论加速对工人的剥削，工人与资本家的斗争日益激烈，这促使学者寻求如何解决企业中的这一矛盾。面对复杂的企业管理现象，麦格雷戈直接指出，每一个管理决策和管理措施的背后，都有一种人为的假设，这些假设影响甚至决定了管理决策和措施的制定与效果。在此基础上，他提出了著名的"人的本性理论"，即X-Y理论。

道格拉斯·麦格雷戈（Douglas McGregor，1906—1964），美国著名行为科学家，人性假设理论的奠基人。麦格雷戈是人际关系学派中最有影响力的思想家之一。他最著名的贡献是提出了 X-Y 理论，这是他 1960 年在《企业的人性面》一书中提出的有关员工工作动机的管理理论。其中，X 理论认为人的工作动机是消极的，Y 理论则认为人的工作动机是积极的，这最终构成了麦格雷戈的人性假设和管理风格理论。此外，麦格雷戈还是《管理的哲学》《经理人员在技术爆炸时期的责任》的作者，这两本书都可谓是管理学的经典著作。

人的本性理论：X-Y 理论的内容

X-Y 理论（theory X-theory Y）主要立足点是对人性理解的根本差异。X 理论认为人的本性是恶劣的，Y 理论认为人的本性是善良的。对 X 理论和 Y 理论的概括是麦格雷戈最重要的学术贡献。

麦格雷戈将传统的管理观点归为 X 理论。X 理论认为，从本质上讲，人们讨厌工作，对工作没有热情，如果没有必要就会逃避工作。人只喜欢玩乐，在工作中回避重要的事情，尽量逃避责任。因此，为了让他们遵守规则，雇主必须采取强制控制、惩罚甚至暴力手段来管理他们，如扣工资、

X 型雇员：
  天生懒惰；
  工作是为了生活；
  回避责任；
  没有抱负；
  ……

取消休假等，这样工人才能保持自己的工作水平。它主要包括以下内容。

（1）大多数人很懒惰。他们尽量避免工作，工作对他们来说是一种负担，没有乐趣可言。他们试图偷懒，一有机会就逃避工作。

（2）大多数人没有雄心壮志，不喜欢承担责任，喜欢让别人来领导。他们缺乏自信，非常看重自己的舒适和安逸。

（3）大多数人的个人目标与组织目标是矛盾的，要实现组织目标必须依靠外部的严格控制。管理者必须使用胁迫、命令、控制、惩罚和威胁等手段，使员工做出努力来实现组织的目标。

（4）大多数人不理性，无法控制自己，容易受他人影响，容易安于现状。

（5）大多数人的动机是满足他们基本的物质和安全需求，所以他们会选择做经济上最有利可图的事情，他们只能看到眼前的利益，而不是长期的利益。

基于以上假设，管理者的责任及相应的管理方法如下。

- 管理者应该关心的是如何提高劳动生产率和完成工作。
- 管理者需要关注的是权力的使用、发布命令、使员工服从和适应工作，而不用考虑如何在情感上和道德上尊重员工。
- 强调严格制定具体规范和工作制度，如工时定额、制定严格的技术程序等。
- 员工的工作效率和服从性可以用金钱、奖酬来购买。[⊖]

然而，管理实践证明，基于 X 理论的管理模式导致员工的创造力

⊖ 麦格雷戈. 企业的人性面 [M]. 韩卉，译. 北京：中国人民大学出版社，2008：34-36.

和敬业度不断下降，到最后甚至不关心工作绩效。因此，麦格雷戈认为，需要一种新的人员管理理论。基于对人类特征和人类动机的更恰当的理解，他提出了Y理论。Y理论假设人性本善，人们并不讨厌工作，只要管理者善于倾听和提出建议，员工就会热情地工作，配合组织的需要，在没有密切监督的情况下努力完成生产任务。而在适当的条件下，一般人不仅愿意承担责任，而且会主动寻求责任。它主要包括以下内容。

Y型雇员：
　　天生勤奋；
　　自我约束；
　　勇于承担责任；
　　具有创造能力；
　　有高层次的需求；
　　……

（1）厌恶工作不是人的本性。工作中身心的劳累就像娱乐和休息一样自然。如果工作是令人满意的，那么员工就会自愿；如果工作变成了一种惩罚，那么员工就会尽量避免工作，这完全取决于具体情境。

（2）外部控制和惩罚并不是激励人们为实现组织目标而努力工作的唯一方式。对那些愿意通过自我管理和自我控制来实现目标的人来说，它甚至是一种威胁和阻碍。

（3）自我实现的要求与组织所要求的行为之间不存在矛盾。如果人们得到了合适的机会，那么个人和组织的目标可以保持一致。

（4）一般人在适当的条件下，不仅学会了承担责任，更学会了寻求责任。逃避责任、缺乏进取心和强调安逸并非基本的人性。

（5）大多数人在解决困难的组织问题时都具有高度的想象力、智慧和创造力。

麦格雷戈认为，基于以上假设，管理者的责任及合适的管理措施如下。

- 创造良好的环境。在 Y 理论的假设下，管理者的重要任务是创造一个工作环境，使人们能够发挥自己的才能，能够实现自己的目标，同时为组织目标的实现做出贡献。
- 关注内在动机。根据 Y 理论，人的主要动力是从工作本身获得内在动力，因此管理者应让他承担具有挑战性的工作，承担更多的责任，推动他的工作取得成就，满足自我实现的需要。
- 给予员工更多自主权。让员工自我控制，参与管理和决策，共同分享权力。㊀

理论解析

在 X 理论中，管理方法是"胡萝卜加大棒"的方法。它一方面依靠胡萝卜（即金钱）来奖励员工，另一方面依靠大棒（即严格的控制、监督和惩罚）使员工为组织目标工作。

麦格雷戈认为，虽然当时人们在产业组织中的行为与 X 理论所提出的各种情况大致相似，但这些行为并不是由人性的固有本质造成的，而是由现有产业组织、管理思想、政策和实践的性质所造成的。麦格雷戈通过对人们的动机和马斯洛需要层次理论的研究，指出"胡萝卜加大棒"的管理方法在人们不够富有的时候是有效的，但当人们达到

㊀ 麦格雷戈. 企业的人性面 [M]. 韩卉，译. 北京：中国人民大学出版社，2008：47-50.

一定的生活水平时，这种管理方法则是无效的。因为当生产力比较发达时，人们行动的动机主要是追求更高层次的需要，而不是简单的生理需要和安全需要。要使管理真正有效，关于人性的基本假设需要改变。如果人性的基本假设不变，即使有时采用目标管理、民主协商等新的管理策略，也不过是新瓶装旧酒，不会取得积极的效果。

但是，一些行为科学家也批评了Y理论的一些缺陷。他们指出，Y理论对人性特征的假设有积极的一面：它为管理者提供了一种对人的乐观看法，这是获得员工的合作和热情支持所必需的。但麦格雷戈只看到了问题的一面。虽然不能说所有的人都天生懒惰，不愿承担责任，但在现实生活中，有些人确实如此，而且很难做出改变。对这些人来说，Y理论管理的应用必然会失败。而且，要开发和实现人类智能的潜力，就需要有一个合适的工作环境，但这样一个合适的工作环境并不总是可以得到的，而创造这样一个环境的成本往往过高。所以，Y理论并不是普遍适用的，只有那些对员工了解充分、对他们的能力有信心，而且致力于实现组织目标的管理者，才能使Y理论的管理方法得到有效实践。

麦格雷戈的人性观对动机分析来说意味着什么？马斯洛的需要层次理论可以很好地解释这个问题：X理论假设较低层次的需要支配个体行为；Y理论假设较高层次的需要支配个体行为。

麦格雷戈本人认为Y理论比X理论的假设更实际、更有效，所以他建议让员工参与决策，为他们提供具有挑战性和责任感的工作，建立良好的团队关系，这些都可以极大地激励员工。在过去的几十年里，许多世界上最大的公司的管理者都接受了麦格雷戈的Y理论。他们相信人是负责任、有创造力、有进取心的，每个员工都应该受到尊重和信任。在此基础上，他们制定了大量的人才招聘、培训、选拔和激励制度，并在实践中取得了巨大的成功。在麦格雷戈的著作《企业的人性面》中，他将 Y 理论称为"个人目标和组织目标的结合"。他认为，关键不在于是采取柔和还是强制的方法，而在于管理思维从认同 X 理论转变为认同 Y 理论。

理论评价与管理启示

X–Y 理论的贡献包括以下几方面。

（1）这一人性假设理论阐述了人性假设与管理理论之间的内在联系，即人性假设是管理理论的哲学基础；提出了"管理理论都建立在人性假设基础上"的重要观点，表明麦格雷戈揭示了"以人为本的管理"的本质。

（2）X–Y 理论认为不同的人性假设在实践中反映在不同的管理理念和管理行为中，动态分析了人性假设的变化对管理理论的影响，进而提出了管理理论的发展也是基于人性假设的变化的研究课题。

（3）X–Y 理论提出管理活动应充分调动人的积极性、主动性和创造性，实现个人目标与组织目标的融合，鼓励员工参与管理、丰富工作内容等，对发展现代管理理论和提高管理水平具有重要的借鉴意义。

当然，该理论也存在以下一些不足。

在 X 理论和 Y 理论的对比中，我们应该看到，用 X 理论加强对人的工作过程的监控，只能控制人的外在身体行为，而不能控制人的内在心理。X 理论不适合那些高风险、高技术，尤其是需要高创造力的职业。

事实上，在所有组织的管理中，很难简单地用 X 理论或 Y 理论来分析员工并指导企业的管理。X 理论和 Y 理论的假设虽有其实践基础，但都失之偏颇，尤其在当前动荡变化的社会环境下，员工的心理经常发生各种变化，所以 X 理论和 Y 理论不能完全适用于当前复杂的社会和复杂人群的管理。X 和 Y 理论最大的缺点是忽略了人的可塑性和多样性。正所谓"世界上没有两片相同的树叶"，世界上也没有两个相同的人，群体中的人性各不相同，有好有坏，有的比较正面，有的比较负面，如果管理者事先认同 X 理论或 Y 理论，基于此采用某种管理模式，就不能解决所有成员的问题。管理者必须综合各种情况，根据各种不同情况找到一个或多个可行的管理方法，真正实施有效的管理。

总之，在管理方法方面，鉴于当前企业或其他组织中的员工知识层次越来越高，越来越年轻，基于 Y 理论的管理方法，如提升薪酬、增加福利、改善工作环境、授权等，应该是企业的主流，而基于 X 理论的监控等是保证基于 Y 理论的管理方法公平实施不可或缺的因素。管理是一项非常复杂的工作，同时，对人的认识也是一个不断深化的过程，不可"非黑即白"，厚此薄彼，管理者需要不断探索和实践，根据实际情况做出准确的判断。麦格雷戈除了留给我们 X-Y 理论，更重要的是启发我们思考人性在实际管理中的重要性。

CHAPTER 13
第 十 三 章

领导风格理论

库尔特·勒温
研究人类动机和团体动力学，提出领导风格理论

直到20世纪30年代，对领导理论的研究仍主要集中在领导者的性格和素质上。心理学家试图从个体心理特征出发，通过观察和调查，找出领导者和被领导者在心理特征上的差异。它的主要目的是通过寻找有效的领导者的标准，来选择领导者和预测他们的工作绩效。

库尔特·勒温（Kurt Lewin，1890—1947）首先提出了场动力学理论。他认为人是一个场域，人的心理活动发生在一种心理场域或生存空间中。生存空间包括个体及其所处的心理环境。一个人的行为取决于他与环境的相互作用，也就是说，行为取决于个人的生存空间。场的意义其实充分体现在我们的个人生活中，甚至可以延伸到社会生活中，这也逐渐构成了勒温的"团体动力学"理论的基石。最后，在团体动力学概念的基础上，勒温进一步研究了团队领导风格类型与团队工作绩效之间的关系，并提出了领导风格理论（average leadership style，ALS）。

库尔特·勒温是德裔美国心理学家、场动力理论的创始人和社会心理学的先驱，他更广为人知的是对人类动机和团体动力学的研究。勒温曾就读于弗莱堡大学、慕尼黑大学和柏林大学，并于1914年获得博士学位。四年的军旅生涯结束后，他回到柏林大学，在柯勒领导的心理研究所担任助理。1932年，他以斯坦福大学客座教授的身份赴美。第二年，他再次前往美国反对纳粹的迫害，并在康奈尔大学任教两年。1945年，他成为麻省理工学院团体动力学中心主任，并在加州大学伯克利分校和哈佛大学担任客座教授。

勒温的主要著作包括《人格的动力理论》（1935）、《拓扑心理学原理》（1936）、《对心理学理论的贡献》（1938）、《解决社会冲突》（1948）和《社会科学的场论》（1951）。他和他的同事们对团队氛围以及领导风格进行了研究，并试图用团体动力学理论来解决社会实际问题，这一理论促进、丰富了社会心理学的发展。

领导风格理论的内容

1. 三种领导风格概要

勒温等人发现，在不同的群体中，领导者通常使用不同的领导风格，而这些不同的领导风格对群体成员的工作绩效和工作满意度有不同的影响。不同形式的领导风格基本上可以概括为三种类型：专制型、民主型和放任型（区别见表13-1）。勒温认为，这三种不同的领导风格导致了三种不同的团队氛围和生产效率。○

表13-1 三种领导风格的区别

	专制型	民主型	放任型
权力分配	权力集中在领导者个人手中	权力在团队之内	权力分散在成员手中，领导者采取无为而治的策略
决策方式	所有的决定都是由领导者自己做出的，不注重成员的意见	团队参与决策，方案由集体共同探讨得出，领导者的职能为指导、鼓励和协助实施	团队成员享有决策自由，领导者放任不管
对待成员的方式	领导者介入到具体的工作任务中，积极干预成员的工作，不让成员知道工作的整个过程和最终目标	成员可以自由选择和谁一起工作，任务的分工由团队决定。领导者会让成员知道总体目标是什么	领导者向成员提供必要的信息和资料，回答成员提出的问题
影响力	领导者通过权力、地位等因素强制影响被领导者	领导者通过自身能力、个性、魅力等心理品质影响被领导者，使得被领导者愿意听从领导者的指挥和领导	领导者对被领导者缺乏影响力
对成员进行评价和反馈的方式	基于个人感受来评估成员的工作。擅长使用惩罚性方式来进行反馈	根据客观事实对成员进行评价。将反馈作为对成员训练的机会	不对成员的工作进行评价和反馈

2. 专制型领导者

专制型领导者只关注工作的目标、任务完成情况和效率与效果。他们对团队成员的心理情况不够关心，被领导者与领导者之间的社会和心理距离较远，被领导者对领导者存有戒心甚至敌意，容易使团队成员产生挫败感和边缘感。同时，专制型团队的权力集中于领导者个

○ 勒温. 人格的动力理论[M]. 北京：中国传媒大学出版社，2017：44-45.

人手中，团队成员处于从属地位，没有参与决策的权利。团队的目标、工作方针、具体的工作安排和人员部署都是由领导者决定的。团队成员对团队工作的意见不受领导的欢迎，很少被采纳，同时他们还要接受领导者严密的监督和控制，确保他们的工作效率。团队缺乏创新和合作精神，成员之间容易出现攻击性行为。

3. 民主型领导者

民主型领导者注重鼓励和协助成员的工作，关心和满足成员的需要，营造民主平等的氛围。领导者与被领导者之间的社会、心理距离相对较近。在民主领导方式下，小组成员自己决定工作的方式和进度，工作效率比较高。民主团队的权力在团队之内，领导者只扮演导师或调解人的角色，其主要任务是在成员之间进行调解和仲裁。关于团队合作的想法和建议可能会被领导鼓励并采纳，所有重要的决定都是经过充分的协商和讨论后做出的。在这种领导风格下，团队成员积极性高，能够独立完成任务，责任心强。

4. 放任型领导者

放任型领导者采取一种自由放任的领导方式，不关注团队成员的工作和需求。团队中没有规则，没有要求，没有评价，工作效率低，人际关系薄弱。放任型团队的权力在每个成员手中，领导者在团队工作之外，只扮演被动的服务角色，有点像情报提供者和后勤服务员。领导者缺乏对集团目标和工作方针实施的指导，对具体工作安排和人员部署也没有明确的指导，对成员的具体执行不积极协助，也缺乏监督和控制，对工作成果不进行评价和奖惩。在这种团队中，非生产性活动很多，工作进度不稳定，效率低，成员之间有太多与工作无关的争论和讨论，人际关系薄弱，但很少发生冲突。

5. 领导风格的有效性

勒温试图通过实验来确定哪种领导风格最有效。他们将不同的成年人培养成具有不同领导风格的领导者，然后指定他们分别作为不同青少年群体的课外活动小组的领导者。各组成员在年龄、性格特征、智力、身体条件和家庭社会经济地位方面是随机的，这意味着各个小组只在领导者的领导风格上有所不同。实验人员安排这些青少年小组做手工活动，主要是制作面具。

结果表明，放任型领导者领导的团队绩效低于专制型和民主型领导者领导的团队。专制型领导者的团队与民主型领导者的团队工作绩效大致相同；民主型领导者的团队有更高的工作质量和工作满意度。基于这一结果，勒温等人最初认为民主型的领导风格似乎带来了良好的工作质量和数量，以及更高的团队成员的工作满意度。因此，民主型领导风格可能是最有效的领导风格。但是结果往往没有那么简单。在某些情况下，民主型领导风格会带来比专制型领导风格更好的工作绩效，但在其他情况下，民主型领导风格也可能会带来不理想的结果。不过就满意度而言，结论是一致的，即民主型领导风格下群体成员的工作满意度通常高于专制型领导风格下群体成员的满意度。㊀

理论评价与管理启示

勒温的工作对管理实践和相关研究具有重要意义。他注意到了不

㊀ 王瑞红. 勒温的三种领导方式的影响分析 [J]. 知识文库，2016（12）：268.

同的领导风格对组织氛围和工作绩效的影响,并对不同的领导风格和特点进行了区分,运用实验加以验证。许多后来的理论都是由勒温的理论发展而来的。例如,领导行为连续统理论就是为了解决勒温等人研究中提出的问题,从而提出的理论。

  在实际的组织和企业管理中,很少有极端的领导者,大多数的领导者都是专制型、民主型和放任型的混合体。因此,很难机械地对领导者的实际风格进行分类。同时,这一理论只关注领导者自身的风格,并没充分考虑到领导者所面临的实际情境因素。而领导者的行为是否有效不仅取决于其自身的领导风格,还取决于被领导者和周围环境因素的影响,因此情境因素也很重要。一个好的领导者通常会根据管理对象的具体情况、环境因素和具体事件采用不同的领导风格。当然,基本风格可能倾向于其中一种。

CHAPTER 14
第十四章

管理方格理论

从 20 世纪初到 20 世纪 40 年代，人们对领导行为的最初关注点是个人素质和领导者的素质。1949 年，美国行为科学家亨利（Henry）提出了领导者取得成功所应具备的 12 项品质，即对成功有强烈的追求、有足够的精力和动力、尊重上级、有较强的组织能力、有较强的决策能力、自信、进取、忠于职守、不依赖父母、关心员工、敢于面对失败并承担责任、关注现实等。然而，随后的管理实践表明，良好的领导者素质并不一定保证良好的领导效果。因此，一些心理学家开始研究不同的领导风格或领导行为对被领导者的影响，以寻找提高领导效果的方法。罗伯特·布莱克和简·穆顿提出的管理方格理论是研究企业领导风格及其有效性的理论，为理论发展和实践提供了参考。

罗伯特·布莱克与简·穆顿

美国应用心理学家罗伯特·布莱克（Robert R. Blake，1918—2004）是管理和组织发展领域应用行为科学研究的倡导者。他出生在马萨诸塞州的布鲁克林，1941年在弗吉尼亚大学获得心理学硕士学位，1947年在得克萨斯大学获得哲学博士学位，并成为心理学教授。

罗伯特·布莱克
美国应用心理学家，提出了管理方格理论

布莱克的主要成就是在行政管理方面。1964年他出版了《管理方格》一书，书中提出了著名的管理方格理论和管理方格图，清楚地展示了管理者对生产的关心程度和对人的关心程度。同时，他还研究了团体动力学，并提出了自己的观点，主要是关于组织对群体规范的影响，以及如何消除群体之间的冲突。他的36本著作和众多论文对理解人类在组织环境中的作用起到了重要作用。

简·穆顿（Jane S. Mouton，1930—1987）出生于美国，是一名工业心理学家。1957年，她在得克萨斯大学获得心理学博士学位，并很快成为心理学系副教授，专攻行为科学，特别是组织和管理领域。她是科学方法公司的总裁和联合创始人，该公司与罗伯特·布莱克共同开发了管理方格理论。除了在组织发展领域的研究，穆顿的另一个研究领域是共同参与的学习模式。共同参与是一种以学生为

简·穆顿
美国工业心理学家，与罗伯特·布莱克共同开发了管理方格理论

中心的教学方法，它要求学生培养自我责任意识。在为此目的制订的学习计划中，学生的定位是全过程的积极参与者，包括参与倾听、解释和评估。

罗伯特·布莱克和简·穆顿合作并出版了诸多著作，主要有《新管理方格》《秘书方格》《生产力的人性面》《教育行政方格》等。

管理方格理论的内容

管理方格理论由罗伯特·布莱克和简·穆顿提出，使用方格图来表示和研究领导风格。他们认为，在企业管理的领导工作中，会出现以生产方式为中心、以人为中心、强调以 X 理论为基础的监督、强调以 Y 理论为基础的自治这几种极端方式。为了避免这种片面的领导行为，他们于 1964 年推出了《管理方格》一书，提出了管理方格理论。它克服了过去各种领导风格理论中"非此即彼"的绝对观点。他们指出，以生产为导向的领导风格和以人为导向的领导风格可以在不同程度上进行结合，从而产生各种不同形式的领导方式。为此，他们对企业的领导风格提出了管理方格模型，采用他们自己设计的纵轴和横轴 9 等分的方格图，每个小方格分别表示将"对生产的关注"和"对人的关注"这两种基本要素以不同比例结合的领导风格（见图 14-1）。

管理方格模型的纵轴表示企业领导者对人的关注程度，包括维持员工的自尊，在信任而非服从的基础上赋予责任，提供良好的工作条件和保持良好的人际关系。横轴表示企业领导者对生产的关注程度，包括决策质量、程序和流程的公正性、研究工作的创造力、服务质量、工作效率和产出。其中，第 1 格表示关注程度最低，第 9 格表示关注程度最高。

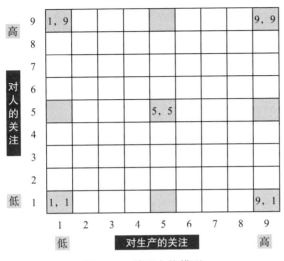

图 14-1　管理方格模型

- （1，1）表示贫乏型管理
- （9，1）表示任务型管理
- （1，9）表示俱乐部型管理
- （5，5）表示中间式管理
- （9，9）表示理想型管理
- （5，1）表示准生产中心型管理
- （1，5）表示准人中心型管理
- （9，5）表示以生产为中心的准理想型管理
- （5，9）表示以人为中心的准理想型管理

在图 14-1 中，坐标（1，1）表示贫乏型管理，这意味着对生产和人的关心程度都很低；坐标（9，1）表示任务型管理，这类领导者重点抓生产，但是不太关心人；坐标（1，9）表示俱乐部型管理，这类领导者重点在于关心人而不是生产任务，企业的氛围一般较为轻松；坐标（5，5）表示中间式管理，既不偏重关心生产，也不偏重关心人，完成任务不突出也不会太差，是中庸之道型管理；坐标（9，9）表示理想型管理，对生产和对人都很关心，这类领导者能使组织的目标和个人的需要最理想、有效地结合起来。

除了这些基本的类型外，还可以找出一些其他比较特殊的组合。比如，（5，1）方格表示准生产中心型管理，这类领导者对于生产较为关心，但是往往忽略人的因素；（1，5）方格表示考虑人的准人中心型管理，这一类领导者则是比较关心人，不太关心生产；（9，5）方格表示以生产为中心的准理想型管理，领导者重点抓生产的同时对于人的关心也没有落下；（5，9）方格表示以人为中心的准理想型管理，重点在于对于员工的关心，而且对生产也比较重视。

总之，按照"关心生产"与"关心人"的结合，领导者主要可以分为以下五种类型。

（1）贫乏型领导者：他们不关心业绩或人，事实上，他们放弃了自己的责任，只想保住自己的位置。

（2）俱乐部型领导者：他们更关心人，而不是业绩。他们试图创造一个每个人都可以放松、感受友谊和幸福的环境，但他们没有热情去努力实现企业的生产目标。

（3）中间式领导者：既不注重生产，也不注重人，风格中庸，不设定过高的目标，能使组织有一定的士气和适当的产出，但距离优秀还有一定距离。

（4）任务型领导者：也称权威型领导者，他们多关注业绩，少关注人，作风专制，他们只需要能够完成生产任务的员工，唯一关注的只有业绩指标，对于人特别漠视。

（5）理想型领导者：对生产和人都很关心，在管理过程中能将企业的生产需求和个人需求紧密结合起来，不仅能带来生产力和利润的提高，而且能使员工获得职业成就和满意度。⊖

那么，如何成为理想的领导者呢？布莱克和穆顿认为，领导者应该客观地分析组织内外的各种情况，并努力将自己的领导风格转变为

⊖ 王勇."管理方格论"简评[J].领导科学，2012（5）：2.

(9,9)型，以达到最高的效率。根据他们在组织发展方面的经验，总结了管理风格发展培训的五个阶段。

- 组织中的每个人都参与方格学习，并使用它来评估自己的管理风格。
- 进行团队建设，以良好的协作文化取代旧的做法。
- 发展群体间的关系，适当运用组间对抗的方式，找出组织中存在的管理问题，从而不断提高各部门之间的合作。
- 设计理想的战略模式，创建一个可以协同的组织结构。
- 研究现有的组织，找出目前的运营方式与理想的战略模式运营之间的差距，找出企业需要改进的方面，设计如何改进目标模式，在确保企业正常运作的基础上向理想模式转变。㊀

基于管理方格理论的管理实践

管理方格理论为分析管理行为提供了一个理论框架。在现实中，管理活动并不完全是上述五种类型的纯粹形式，而可能是这五种类型的混合。

常见的管理类型组合：
- 家长作风式
- 大弧度钟摆式
- 平衡式
- 双帽方法

㊀ 叶亚飞.管理方格理论在员工满意度管理中的应用[J].河南社会科学，2009，17（5）：53-54.

实际上，有几种常见的管理类型组合。

1. 家长作风式

家长作风式是权威型管理和俱乐部型管理的第一种结合，同时带有（9，1）中关心工作的强制性，又带有（1，9）中关心员工的慈爱和体谅。这种领导者把自己的组织当作一个大家庭，在下属面前扮演"严父"和"慈母"两种角色。当扮演严父时，他可能会无情地责骂一个工人，但当工人下班时，他可能会表示真诚的关心。家长作风式领导者的矛盾点在于他经常鼓励手下承担责任，但他并没有真正下放权力。正是这两种风格的结合使下属陷入一种不确定的情绪之中。下属只能私下猜测，如果不确定，就必须寻求建议。在这种情况下，下属会逐渐变得唯唯诺诺，最终可能会陷入不求有功但求无过的工作状态之中。

在家长作风式管理下，领导者会根据下属的满意程度，给予他们家长式的关怀，包括不错的薪水、令人羡慕的福利等。但这种关心是"父母给的礼物"，而不是对工作的奖励。就像在一个家庭里，做得最多的人往往不是最受关爱的人，父母最担心的是能力不足的孩子，于是就会出现感恩情结。就像美国的一句歌词中所提到的那样，"公司是我的再生父母"，这就是一种家长作风式管理的写照。长期的家长作风式管理可以逐渐形成一个高度稳定的组织，形成强大的吸引力，但也会有臃肿、混乱和效率低下的弊病。

2. 大弧度钟摆式

大弧度钟摆式是权威型管理和俱乐部型管理的第二种结合。与家长作风式管理不同的是，这种组合不是同时扮演多种角色，而是在两种类型的管理之间摇摆不定，所以也会有人称之为跷跷板管理。当企业中因为强制实行权威型管理而积累了一定的负面情绪时，领导者可能会为了稳定局势而站在俱乐部型管理一边。随着员工关系的恢复，生产率下降，利润下降，他可能会再过渡到权威型管理。这样循环下去，直到领导者和下属之间的关系再次紧张。

这种跷跷板式管理确实可以解决组织运行中亟待解决的问题，但弊端也很明显。由于政策的周期性波动，员工会因为政策的变化而不再信任管理层。每一次摆动的背后，对应的管理水平都会下降，相互之间的信任会被侵蚀，最终对立情绪会加深。

3. 平衡式

平衡式是权威型管理与俱乐部型管理的第三种结合。与前两种组合不同的是，这种组合表现在管理人员的分工和配置上。如果一个组织的直线指挥系统是权威型管理方式，那么很可能会产生对抗和紧张，人际关系恶化。为了解决这一问题，企业往往利用参谋组织，推动俱乐部型的管理来缓解压力。当然，也有把这种平衡倒过来运用的。例如，如果要对员工实行苛刻的考评，直线管理部门不愿意干这种得罪人的活儿，那么常常利用组织分工把这种考评交给人事部门，人事部门则做出严格的资格判断和晋升控制。

平衡式管理是一种有效且广泛使用的管理方法，但问题在于治标不治本，两个部门或两类管理者的效力会相互抵消。

4. 双帽方法

这种组合和大弧度钟摆式有相似之处，只是摆幅和频率不同。有些领导者不是把关心生产和关心人结合起来，而是把二者分开使用，就像两顶帽子交替戴着一样。例如，一位经理周一要开会讨论工作效率，他将戴着"工作帽"，运用权威型管理的方法，谈论如何提高工作效率等。周三还是同样的人，甚至在同一个会议室，但这次经理可能戴着"人际关系帽子"，因为这次会议讨论的主题是改善组织内的人际沟通问题。

这种方法的问题在于，它打破了两种类型的管理之间的关系。生产力问题产生的最终原因很可能是人际沟通问题，而如果脱离了生产管理讨论人际沟通，可能是片面的。人为地将这两个不同的管理方式分开，并不能达到很好的管理效果。

布莱克和穆顿认为，虽然现实中存在着各种混合管理方法的原因和理由，但人们并没有认识到关心人与关心生产的一体化原则，因此必须与行为科学理论相结合才能进行变革和发展。⊖

理论评价与管理启示

管理方格理论自问世以来，一直受到管理学家的高度重视。这对我们的实际管理工作有所启示：一方面要高度重视现实的工作，安排足额的工作任务，对下属提出严格要求，并用严格的规章制度作为保障；另一方面要关心下属，包括关心他们的利益，创造良好的工作条件和工作环境，给予适当的物质和精神鼓励，使他们在责任、权力、利益等方面高度统一，以提高他们的积极性和工作效率。

从理论角度来看，布莱克和穆顿试图利用坐标系统作为指引，拨

⊖ 毕蛟. 布莱克和穆顿的管理方格理论[J]. 管理现代化，1990（6）：43-44.

开之前管理学的迷雾，找到一种独特的理性管理理论框架。布莱克和穆顿希望以一种理想主义的方式去寻找管理活动的最优模式和原则，从而彻底推翻权变学派的情境决定论。他们坚信，管理方格理论是根据行为科学的相关规律建立起来的，通过对各种方格的比较和逻辑推理，可以得出（9，9）型团队管理是迄今为止最理想的管理模式，为企业管理实践提供了丰富的理论支撑。

尽管布莱克和穆顿很有信心，但他们的最优设计在理论上将权变理论挤出管理学讨论的范畴，似乎并不乐观。在对《新管理方格》的讨论中，布莱克和穆顿不承认权变理论的合理性，但在一定程度上又不得不承认权变理论的现实性。在理论推导中，他们也非常谨慎地绕开了西蒙的有限理性学说。

抛开布莱克和穆顿的管理方格理论的不足，抛开他们的（9，9）型团队管理模式会遇到的挑战，他们的努力体现了他们追求完美、实现理想的希望和勇气。值得赞扬的是，即使他们的管理方格理论有缺陷，批评者仍对他们对行为科学的贡献高度肯定。他们创造性地将社会学、心理学和人类学应用于管理学研究，取得了许多突破性进展。因此，管理方格理论虽不能建构成管理学新的楼宇，但是可以成为领导者自我检测和省视的工具，并将对管理学的发展带来深远的影响。

CHAPTER 15
第 十 五 章

权 变 理 论

20世纪70年代，美国的经济、政治和社会动荡达到了前所未有的程度。石油危机对西方社会产生了深刻的影响，企业的生存环境非常不确定。但以往的管理理论，如科学管理理论、行为科学理论等，主要集中在对加强企业内部组织管理的研究上，大多在追求普遍的、最合理的模式和原则，在解决企业面对快速变化的外部环境方面显得力不从心。正是在这种情况下，人们不再相信会有最好的管理方法，而不得不因地制宜地处理企业面临的管理问题。在这样的背景下，管理企业必须适应环境形势的理论，即权变理论应运而生。

弗雷德·菲德勒

弗雷德·菲德勒（Fred E. Fiedler）是美国华盛顿大学心理学和管理学教授，也是荷兰阿姆斯特丹大学和比利时鲁汶大学的客座教授。他曾就读于芝加哥大学，并在那里获得了博士学位。毕业后，他留下来当老师。1951年，他搬到伊利诺伊州，在伊利诺伊大学担任心理学教授和团体效能研究实验室主任，1969年，他搬到华盛顿。他的主要著作包括《一种领导效能理论》（1967）、《让工作适应管理者》（1965）、《权变模型——领导效用的新方向》（1974），以及《领导游戏：人与环境的匹配》等。

弗雷德·菲德勒
美国当代著名心理学家和管理专家，权变管理的创始人

从1951年开始，菲德勒从管理心理学和实证环境分析的角度研究领导力，提出了"权变领导理论"，开创了西方领导理论的新阶段，使之前流行的领导形态理论研究转向了领导动力学研究的新轨道。费德勒的理论对管理理论的发展产生了重要的影响，而他本人也被誉为"权变管理的创始人"。

权变理论的内容

当人们的注意力集中在哪种领导风格对企业领导者来说更有效时，费德勒的研究转向了一个更重要的问题：民主和专制的领导风格在什么样的环境下有效？在大量研究的基础上，费德勒提出了有效领导的权变模型。他认为任何一种领导形式都有可能是有效的，其有效性完全取决于应用的环境是否合适。

　　领导者在发挥职能时有两种方式：一种是明确指示下属做什么和怎样去做；另一种是让下属一起参与决策，共同承担责任。这两种方式从表面上看是相反的，一个使用的是权力大棒，另一个使用的是"胡萝卜"，但本质是一样的，都是为了激励组织成员努力工作。这两种方式各有利弊，对领导者来说都很有用，问题是在不同的情况下是否要采用不同的领导风格。通常有两种方法可以使领导风格与实际情况相一致。第一种方法是调查要实施领导的工作环境，看哪种方式更适合领导者开展工作，然后选择具有这种领导风格的人作为领导者。第二种方法是先选择或培养具有一定领导风格的人，然后通过改造环境来改变工作环境或领导情境，使其与领导风格相一致。过去，人们习惯了第一种方法，其实，第二种方法比第一种方法更好。企业的领导职位要求人们具有很强的适应性，合格的、有能力的商业领袖极为稀缺，企业必须抓住现有的领导者，并在工厂和设备上尽可能有效地适应他们，以最终获得管理的高绩效。优秀的领导者很可能是不可替代的，如果他们的领导风格不符合当前工作环境的要求，那就可能需要改变工作环境来适应他们的领导风格。

　　如果领导相关的内容主要关于领导风格和领导环境，那么有哪些类型的领导风格呢？费德勒花了很多时间，分析了1 200个群体并提出了两种领导风格：一种是"以人为动因"的指令型领导，领导者注重从他人那里获得支持和尊重；另一种是"以任务为动因"的宽容型领导，领导者的注意力主要集中在完成任务上。对于这两种类型的领导者或领导风格，人们是如何具体衡量它们的？费德勒是第一个这样做的人。他创造了 LPC 问卷，让每个群体的领导者对他"最不能合作共事"的同事按照双极式的差别标度进行评分。

LPC 问卷要求人们思考现在或过去最难共事的人——他不一定是你最不喜欢的人，只是工作中最难相处的人，然后在问卷中使用 18 组形容词来描述他，被试需要最准确地描述他的等级，并给出分数。根据分数，结果被分为高 LPC 型（人际关系导向型领导）和低 LPC 型（工作任务导向型领导）。一般来说，以任务为动因的领导者倾向于用非常消极的词汇来描述他们难相处的下属。因为在他看来，不擅长工作的人性格不好。然而，以人为动因的领导者仍然会把一个工作做得不好的人视为令人愉快、友好或乐于助人的人。一般来说，关心人际关系、宽容和民主的领导者 LPC 得分较高。权威型、以任务为中心的领导者 LPC 得分较低。

在讨论了组织领导的类型之后，菲德勒进一步研究了与领导风格密切相关的领导环境或领导情境。他认为，虽然可以根据一定的领导风格来创造工作环境，但如果不考虑具体的领导环境，就不能发挥领导风格的作用。某种领导风格只能在一定的、一致的环境中取得成效。

影响领导风格有效性的环境因素

菲德勒权变领导思想的核心就是如何改变工作环境，使领导力和环境适配，从而发挥作用。事实证明，任务导向的权威型领导者在某些环境下工作得很好，而关系导向的民主型领导者在其他环境下可能更加得心应手。如果一个组织的最高领导者明白这一点，他就可以为他的中层管理者设计一个适合他们各自风格的工作环境，从而提高领导效率。

菲德勒的研究结果表明，任务导向型领导者在竞技体育球队、生产车间中表现更佳。在群体决策和创造性工作小组中，关系导向型领导者只要能与下属保持友好关系，就更容易取得成果。事实上，不存在适用于任何环境的最佳领导风格。一种领导风格只有在特定的情境中才能发挥效用。因此，有必要研究各种环境的特征，而组织环境的分类取决于各种环境因素。长期的研究结果表明，三个主要的环境因素决定了应该采用什么类型的领导风格，这三个因素是：

- 领导者–成员关系，即领导是否受到下属的喜欢、尊重和信任，能否使得下属愿意追随他；
- 职位权力，是指领导的职位所提供的权力是否明确和充分，上级和整个组织所获得的支持是否强大，以及他对于用人、解聘、纪律、晋升和加薪过程的影响能力；
- 任务结构，即工作要完成的任务是否明确，是否存在歧义，其规范程度和程序化程度如何。

菲德勒模型使用上述三个因素作为权变变量来评估情境。领导者–成员关系的好坏、任务结构的高低、职位权力的强弱三个权变变量结合起来，给出了8种不同的情境，每个领导者都可以找到自己的位置，如图15-1所示。菲德勒模型指出，当个体的LPC得分与三个权变因素的评估得分相匹配时，可以获得最佳的领导结果。他研究了1 200个工作小组，并比较了8种情境类型下的关系导向型和任务导向型领导风格。他的结论是,任务导向型领导者在非常有利或不利的情境下可以表现出更高的效能。换句话说,任务导向型领导者在面对 1、2、3 和 8 类型的情境时表现得更好;而关系导向型领导者在适度有利情境,即 4 和 5 类型的情境中表现得更好。

随和、关心员工的领导作风								
控制、主动、讲究组织规章的领导作风								
领导者-成员关系	好	好	好	好	差	差	差	差
任务结构	明确		不明确		明确		不明确	
领导者的职位权力	强	弱	强	弱	强	弱	强	弱
有效领导方式	任务型	任务型	任务型	关心人型	关心人型	无资料	未发现	任务型
情境编号	1	2	3	4	5	6	7	8
	好			中等			差	

图 15-1 菲德勒模型

当面对 1、2、3、8 类型的情境时,任务导向型领导者干得更好;关系导向型领导者则在适度有利的情境,即 4 和 5 类型的情境中干得更好

不同的环境条件需要不同的领导风格,这与人们的日常生活经验是一致的。当团队成员对领导者有很大的信任和尊重时,他们更加需要的是领导者的指导和帮助。比如在飞机上,经验丰富的机长应当是下达指令,而不是在快要起飞的时候询问助手还有哪里没有检查。很明显,这种情况下不需要民主型领导,而是需要简单、明确的命令,把重点放在工作上。与此相反,科研机构的领导者类型一般是关系型的,因为只有保持群体中自由民主的氛围,才能交换和讨论不同的意

见，实现知识共享和创新，否则就不能发挥群体成员的潜力。因此，在不同的环境因素下，有效的领导风格也是不同的。

基于权变理论的管理实践

菲德勒认为，领导风格是与生俱来的，领导者很难改变自己的风格来适应不断变化的环境，所以实际上只有两种方法可以提高领导者的效率。

第一，可以改变领导者来适应环境。例如，如果团队处于一个被评价为非常不利的情境中，由一个关系导向型经理领导替换为一个任务导向型经理将会提高团队绩效。

> 改变领导者来适应环境，或改变环境以适应领导者

第二，可以改变环境以适应领导者。菲德勒提出了一些改进领导–成员关系、职位权力和任务结构的建议。可以通过重新组织下属的构成，使其经验、技术专长和文化水平更加适配来改善领导与下属之间的关系；可以通过详细安排工作内容来使任务结构更加规范，也可以通过只对工作进行一般性的指导来实现非程序化；在职位权力方面，可以通过宣布职权来增加权威性或通过授权来分散权力[1]。

---

[1] 生步兵，王美芳．改变领导情境适应领导风格：对菲德勒权变理论的再思考[J]．消费导刊，2009（1）：235-235.

理论评价与管理启示

菲德勒思想的主要作用是成功地在管理理论和实践之间架起了一座桥梁，它用管理理论有效地指导管理实践，拒绝了不管具体的外部环境而空谈最佳管理实践的思想。该理论强调根据不同的具体情况采用不同的组织结构、领导模式和其他管理技术，指出应该把环境作为管理理论的重要组成部分，要求企业活动的各个方面都符合环境的要求，尤其是领导者的行为。

菲德勒模型强调了有效领导需要什么样的领导行为，并从结果的角度来衡量领导的有效性，而不是基于领导者的素质应该采取什么样的行为，这为领导理论的研究开辟了一个新的方向。菲德勒的模型表明，没有绝对最好的领导方式，商业领袖必须具有适应能力，使自己适应不断变化的形势。

权变理论为人们分析和处理各种管理问题提供了一个非常有用的视角。它要求管理者根据组织的具体情况和所面临的外部环境，采用相应的组织结构、领导和管理方法，灵活应对具体的管理业务。这样，管理者才会把精力转移到对实际情况的研究上，根据例外原则，对具体情况进行分析，提出相应的管理对策，才有可能使自己的管理活动更有效。同时，过去人们对管理行为的认识多从静态的角度出发，权变学派使人们对管理的动态性有了新的认识，这使得人们研究管理学有了新的视角和方向㊀。

㊀ 陈寒松，张文玺. 权变管理在管理理论中的地位及演进 [J]. 山东社会科学，2010（9）：105-108.

第三篇
现代管理思想丛林

  20世纪60年代初,随着世界社会经济的快速发展,对生产力和管理的研究受到了越来越多的重视,许多管理学者和其他领域的人士,包括社会科学和自然科学各领域的学者和各类企业管理人员,对管理的兴趣和关注达到了空前的高度,他们结合以往的研究成果,从不同的领域、不同的视角对管理问题发表各种观点,提出各种不同的工具和方法,可谓是"百花齐放,百家争鸣"。在很短的时间内,管理学领域形成了一个密集的理论丛林,从不同的角度对管理理论进行了卓有成效的探讨,为管理理论的发展做出了巨大的贡献。美国管理学家哈罗德·孔茨用"管理理论丛林"这个相当生动的标签来描述当时理论的繁荣,⊖这标志着管理科学进入了一个创新、分化和综合并存的时期。

⊖ KOONTZH. The management theory jungle [J]. Journal of the academy of management,1961,4(3):174-188.

CHAPTER 16
第十六章

管理过程学派

  管理过程学派，又称管理职能学派或经营管理学派，是由美国加利福尼亚大学的哈罗德·孔茨和西里尔·奥唐奈（Cyril O'Donnell）提出的。该学派的相关理论是在法约尔的一般管理理论的基础上发展起来的。

  法约尔认为管理活动可以分为计划、组织、指挥、协调和控制这五种管理职能，孔茨和奥唐奈在研究管理职能的基础上，将管理职能划分为计划、组织、人事、领导和控制这五类，他们认为，协调本身不是一个单独的职能，而是以上五种职能更有效使用的结果。在这些管理职能的基础上，他们对管理理论进行了阐述和分析，最终建立了管理过程学派。孔茨继承了法约尔的理论，并在此基础上形成了更系统、更有组织的理论，逐渐将管理过程学派塑造成为所有管理学派中最有影响力的学派之一。此外，孔茨还提出了"管理理论丛林"的命题，并将几种管理理论比作密集的丛林，对其进行了列举和全面的研究，这也是他对管理理论发展的重要贡献。

代表人物及其代表作

哈罗德·孔茨（Harold Koontz，1908—1984）是美国著名的管理科学家，管理过程学派的主要代表之一。孔茨曾是政府高层官员、大学教授、公司董事长和管理顾问。1935年，孔茨在耶鲁大学获得博士学位。他曾担任美国管理学会主席、加利福尼亚大学管理学院教授。自1941年以来，孔茨共独自出版或合著了20多本书，发表了近100篇论文，许多重要著作被翻译成多种语言出版，对世界许多地区的管理理论发展产生了重要影响。他的著作主要包括《企业的政府控制》（1941年）、《管理学》（1955年）、《管理理论丛林》（1961年）、《走向统一的管理学》（1964年）、《经营的实践入门》（1978年）、《再论管理理论丛林》（1980年）等。

哈罗德·孔茨
美国管理科学家，管理过程学派的主要代表人物之一

管理过程学派的主要理论

在西方，管理过程学派是继古典管理理论学派和行为科学学派之后影响最大、历史最悠久的学派。管理过程学派以管理的职能和发挥作用的

过程为研究对象，认为管理是通过别人或与他人共同完成工作的过程。管理过程与具体的职能是密不可分的，管理过程是各个管理职能发挥作用的过程。管理过程学派以这一认识为出发点，试图通过对管理过程或具体职能的研究，从理论上概括出管理的概念、原则、理论和方法，从而形成一种一般化的管理理论。在研究方法上，该学派通常先将管理者的工作划分为各种职能，然后对这些职能进行分析和研究，并结合管理实践探索管理的基本规律和原则。管理过程学派认为，通过运用这种研究方法，可以总结出管理工作的各个主要方面，从而建立起指导管理实践的理论。

管理过程学派的基本内涵可以概括为：

- 管理是一个过程，一个由不同的管理功能组成的循环过程；
- 根据管理经验，可以总结出一些基本的管理原则，这些原则对实际管理工作的理解与改进具有一定的解释和启发作用；
- 这些原则只要没有被证明是错误的，就构成了管理理论中有用的要素；
- 管理学可以借鉴其他学科的相关知识，但需要警惕的是它不是这些科学的大杂烩。

哈罗德·孔茨等人将管理视为"通过他人把工作做好的职能"。他们重视和强调管理的概念、理论原则和方法，认为管理是一门艺术，其理论和方法具有普遍意义。关于管理的职能，他们在《管理学》一书中描述为五项，即计划、组织、人事、指挥和控制。他们指出，事实上管理人员同时执行这些职能，里面的每一项职能都对组织有贡献。他们对五大职能及其原则做了如下描述。

（1）计划。计划是五项管理职能中最基本的一项，它决定未来的各种行为过程，其他四项管理职能必须体现和实现计划职能的要求。

（2）组织。组织职能的目的是设计和维持一种工作结构，使人们能够有效地工作，以实现组织的目标。孔茨等人指出，为了让一个组织有效地运作，它必须克服工作中的一些常见错误和缺点，比如各部门或各级职权划分不清、放权不到位、放权不受约束、权限与信息边界混淆、权责不相称、人员机构设置不当、多头领导、组织重叠、组织信息沟通不畅等。

（3）人事。人事职能包括员工的选拔、测评、雇用、考核、培训以及其他有关人力资源的开发和利用工作。孔茨等人针对如何选择合适的员工提出了四类有效的方法：智力检测、熟练和适应性测试、职业测验、性格测验。他们提出，对于人力资源的分配，要为员工挑选适合的岗位，做到两者的适应与匹配。

（4）指挥，又称领导。指挥或领导是指引导下属人员有效地了解和实现企业既定的目标。为了实现企业目标，要把生产中的各种要素合理组织起来，在这些要素中最重要的是人的因素。因此，激励就成为指挥或领导职能中的一项重要内容。由于激励是一个很复杂的问题，同时受很多变数的影响，因此必须以一种系统和权变的观点看待激励。此外，信息交流也是指挥这一职能中非常重要的因素，信息交流必须明确、完整，并合理利用非正式沟通这个渠道来补充正式渠道的信息交流。

（5）控制。控制职能是指衡量计划的完成情况，纠正计划执行中的偏差，通过采取一系列有利的行动，确保计划的顺利实施。然后领导者应总结这些经验，以用于下一次的决策。

理论评价与管理启示

管理过程学派的主要特点是将管理理论与管理者履行的管理职能，即管理者从事的工作联系起来。他们认为，无论组织的性质、所处的环境、具体的行业、职位权力如何不同，管理者所从事的管理职能都是相同的，管理活动的过程就是管理职能逐步发展、最终实现的过程。因此，管理过程学派以管理职能为研究对象。他们首先将管理工作划分为几个职能，然后对这些职能进行系统的研究，明确每个职能的性质、特点和重要性，并讨论实现这些职能所需的原则和方法。管理过程学派认为，该方法的应用可以从理论上总结管理工作的主要功能，有助于建立系统的管理理论，指导和服务于管理实践的发展。⊖

管理过程学派强调管理理论的重要性和普遍性，认为不少管理职能和原则都是普遍适用的。也正是因为重视管理理论的重要性和普遍性，在管理理论的发展过程中，过程学派一直在寻求探索管理理论的普适性。

以法约尔以及后来的孔茨为代表的管理过程学派，通过对管理职能和管理过程的分析，为经营管理实践的理解和理论的研究提供了一个概括性的框架。组织的经营管理事务纷繁，头绪繁多，而有了这种框架以后，就可以对管理从几个主要方面进行深刻理解并展开有条不紊的分析，而在企业发展中新增的一切概念均可被分门别类地置于这个框架之中。尽管许多学者对此不以为然，但正是由于这一框架的存在，管理过程学派才逐渐为世人所瞩目，并在长期的企业实践中，使

⊖ 韦里克，坎尼斯，孔茨. 管理学：全球化、创新与创业视角：第十四版 [M]. 马春光，译. 北京：经济科学出版社，2015：78-79.

人们逐步达成了共识。

虽然管理过程学派的学者认为无论组织和环境的性质有多么不同，管理者所从事的管理职能是相同的。但实际上，管理过程学派总结的管理职能并不适用于所有组织。他们总结出的管理职能的通用性是有限的，更适用于静态、稳定的生产环境，而难以适用于动态、多变的企业管理环境。

同时，管理过程学派总结的职能不可能包括所有的管理行为。明茨伯格在他的《经理工作的本质》一书中对此进行了批评。明茨伯格说，想象一下，一位总经理给一位退休员工颁发荣誉勋章；或者想象一下，一位总经理从外部董事会会议上给下属带来了一些有用的信息。请问这些管理行为应该被归类进哪个职能中呢？也就是说，这几项职能根本没有描绘出管理者的实际工作，只是描绘了管理者工作的一些模糊目标，而真正的管理者的工作远远超出这些职能。

管理理论丛林

管理过程学派代表人物之一孔茨的一大贡献是提出了"管理理论丛林"这一概念。孔茨于1961年发表了《管理理论丛林》，后又于1980年发表了《再论管理理论丛林》。在这两篇重要论文中，孔茨通过管理过程学派的视角，对20世纪60年代及之前的各种管理学理论进行了全面梳理和分析。孔茨以丛林为比喻，在前一篇论文中总结提出了管理学六大学派：管理过程学派、经验主义学派、人类行为学派、社会系统学派、决策理论学派、管理科学学派。而在后一篇文章中，孔茨又做了修正，指出经过20年发展后，丛林更为茂密，学派更加林立。所以他在重新梳理的基础上，又进一步划分为 11 个学派：管理过程学派、经验主义学派、人际关系学派、群体行为学派、社会协作系统学派、社会技术学派、系统学派、决策理论学派、管理科学学派、权变理论学派、经理角色学派。孔茨对这 11 个学派的基本内涵和特点都做了描述和分析。

但是问题在于，既然管理学科存在如此众多的学派，而且每一个学派都从不同理论视角对管理活动做了独特的阐述，并提出了相应对策，这就使得包括孔茨在内的管理学者原先设想将管理学趋于一统的美好愿望落空了。但不可否认的是，这种以学派来分门别类地对一个学科进行条分缕析的论述，在学科建设和发展上无疑具有重要意义，也为学术范式的规范化建立做出了有益尝试。

CHAPTER 17
第十七章

社会系统学派

　　由于人际关系学说的兴起,管理学者开始注重运用社会学和心理学的方法来分析与处理管理问题,尤其强调管理者需要注意组织中人际关系的协调。

　　然而,在美国管理学家切斯特·巴纳德看来,人际关系学说只关注组织中的人与人之间的关系,强调个体行为者之间的关系,而实际上并没有研究个体行为者与组织之间的关系协调。但是,如果把组织看作一个复杂的社会系统,那么为了使系统有效运行,必然要涉及个人与组织之间的协调以及如使得个人目标与组织目标相一致。在当时的管理实践中,也暴露出一些人际关系学说无法解释和解决的管理问题。正是在这样的历史背景下,社会系统学派应运而生,并将协调个人与组织之间的关系作为其研究的主要方向。

巴纳德在 1938 年出版了《经理人员的职能》一书，提出了一系列与传统组织管理理论完全不同的组织管理理论问题。他认为，组织是一个极其复杂的社会系统，应该从社会学的角度来分析和研究管理问题；社会各级组织是一个协作的系统，商业组织中的人之间的关系也应该被视为一个协作系统。以巴纳德为代表的社会系统学派奠定了现代组织理论的基础，对管理思想尤其是组织理论的发展产生了深远的影响。

代表人物及其代表作

切斯特·巴纳德
社会系统学派的创始人，代表作为《经理人员的职能》

切斯特·巴纳德（Chester Barnard, 1886—1961）是现代西方管理理论中社会系统学派的创始人，他的《经理人员的职能》(*The Functions of The Executive*) 被誉为管理思想的丰碑。这本书总结了巴纳德一生在企业管理方面的经验。他创造性地运用社会学概念来分析管理者的职能和工作过程，建立了现代组织理论的基本框架。巴纳德认为，所有组织都包含三个要素：协作意愿、共同目标和信息沟通。他最大的贡献是基于最简单的人类合作形式，揭示了组织的本质及其最普遍的规律。该书出版半个多世纪以来，重印多次，影响力不断扩大。

在《经理人员的职能》的第四部分中，巴纳德提出了管理者的具体职能。他认为在企业中，管理者的作用是作为相互联系的信息的中心，协调组织中每个成员的活动，从而使组织正常运行，最终实现个人和组织的目标。那么，管理者的权威从何而来呢？以前的权威概念是基于一定的等级顺序或组织地位，而巴纳德强调，权威的来源应当是由下属个人决定的，也就是说权威应当是自下而上建立的。[一]

1948年，巴纳德出版了另一部重要的管理学著作《组织与管理》。这部著作反映了巴纳德对现代管理学的建立和发展的重要贡献。其实，巴纳德一生著作等身，除了上述两部经典著作外，巴纳德还发表了《人事关系中的某些原则和基本考察》《工业关系中高层经理人员的责任》《集体协作》《领导和法律》等多篇论文和报告。凭借在组织理论方面的突出贡献，巴纳德一共获得7个荣誉博士学位。

社会系统学派的主要理论

巴纳德在他的作品中强调："正式组织是人们主动、有意和有目的的一种合作。"组织是由个体组成的协作系统。个体只有在一定的互动社会关系下与他人合作才能发挥作用。

由于组织是一种社会系统，因此巴纳德高度强调组织内部的平衡性和外部的调节性，反对传统的"组织有界限，由一定数量的成员组成"的观点。他认为，除了这些，组织还应该包括外部利益相关者，如其投资者、供应商、客户和其他会对公司做出贡献的成员。

巴纳德关于合作系统的理论指出，除非在互动的社会关系中与他

[一] 孙耀君. 西方管理理论中的社会系统学派 [J]. 经济管理，1980（11）: 3.

人结合，否则个人无法发挥作用。作为个体，人们根据他们当前的目的、欲望或冲动，自由地选择是否参与特定的协作系统。人们会有不同的动机参与到协作系统中，管理者可以通过影响和控制的手段来修正员工的个人动机和行为。然而，这样的修正不一定能够成功，未必可以达到组织或个人的期望。正是这种不一致性导致巴纳德提出了效力和效率之间的二分法。

- 员工既是一个完整的个体，又是一个组织的成员，在特定组织中扮演着有限的角色。
- 管理人员的权威取决于下属是否接受他的指示。如果命令不被服从，那么权威就不存在。
- 个人虽然有自由意志，但是他的行为又会受到社会、环境等诸多因素的限制。因此，管理人员一方面要让人们对自己的行为负责，另一方面也要积极改善环境条件，利用恰当的手段来影响和引导组织成员的行为。

巴纳德认为，组织由三个基本要素组成：协作意愿、共同目标和信息沟通。

（1）协作意愿。组织是由个人组成的，因此组织程序中不可或缺的是成员愿意在合作条件下提供劳动和服务。但在实践中，我们也必须认识到，每个人的合作意愿是不同的，同一成员在不同时期的合作意愿也是不断变化的。个人合作意愿的强度取决于各种因素，但这些因素大多是主观的，而不是客观的。

（2）共同目标。共同目标是达成合作意愿的必要前提。如果没有一个共同目标使组织的成员心向一处，他们就不知道要付出什么样的努力，甚至不知道可以从合作劳动的结果中获得什么样的满足。这样，即使个人有合作的意愿，也会逐渐失去合作的动力。

（3）信息沟通。只有通过信息沟通，组织的共同目标和不同成员的合作意愿才能联系起来，形成一个动态的过程。如果没有信息的沟通，不同的成员就无法对组织的目标达成共识，也很难普遍接受组织的目标。与此同时，组织将无法理解组织成员合作的意愿和强度。信息交流是组织存在和活动的必要条件。

根据组织的要素，巴纳德认为管理人员的主要职能有三个。

- 建立和维护信息沟通系统。巴纳德认为建立正式的信息沟通系统非常有必要，这是由组织活动的复杂性和协调成员之间工作的必要性决定的。
- 激发员工个人的努力。这包括招聘和选择合适的员工，保持组织的吸引力，以确保协作系统的生命力。
- 提出并设定目标。这是指确定组织的共同目标，并明确每个部门的具体目标。

理论评价与管理启示

巴纳德的管理职能理论与古典管理理论有很大的不同。古典管理理论中对管理职能的划分是从管理过程的分析中提炼出来的，而巴纳德则是根据自己提出的组织理论对管理职能进行分析。他将管理者的职能归纳为提供信息交换系统、促进个人做出必要的努力，以及确定组织目标，从而把管理者的职能和作用与组织的要素联系在一起，与组织的生存和发展联系在一起，更强调管理者在组织中的作用和地位，指出管理者应该通过组织来实现自己的使命。这是社会系统学派区别于其他学派的独特之处。

巴纳德的管理理论对当代社会的组织管理具有重要的指导价值。今天的组织非常注重人际关系和团队合作，巴纳德的管理理论认为人际关系不仅仅是人与人之间的关系，也是人与组织之间的关系。团队合作是企业在招聘员工时非常注重的素质之一。在企业中，如果团队合作是自愿的，它就会产生一种强大而持久的力量。巴纳德的合作系统理论也认为，协作是整个社会正常运行的重要基本前提。社会的各种组织，无论是政治的、军事的、宗教的、商业的还是学术的，都是一个合作的系统。㊀这一点在今天的企业经营中已经越来越明确。因此，巴纳德的管理理论注定会成为当今管理体系中不可或缺的重要组成部分，他的思想也被后来者运用到各个领域。

㊀ 里策. 后现代社会理论 [M]. 北京：华夏出版社，2003：89.

CHAPTER 18
第 十 八 章

决策理论学派

决策理论是第二次世界大战之后发展起来的一种管理思想。第二次世界大战后，随着现代生产和科学技术的高度融合，企业规模越来越大，企业管理愈发复杂。与此同时，这些大型企业的经营活动范围也跨越了国界，使得企业面临着更加不稳定和不可预测的政治、经济、文化和社会环境，需要一种管理理论和方法来解决各类问题。因此，许多学者试图在管理领域找到一套科学的决策方法，以便对复杂的多方案问题做出清晰合理的选择。

决策理论学派是以统计学和行为科学为基础，运用计算机技术和统筹学方法的新兴管理学派。主要代表人物是赫伯特·A.西蒙和詹姆斯·G.马奇，他们继承并发展了巴纳德的管理理论，提出了影响力颇深的决策理论。

代表人物及其代表作

赫伯特·A.西蒙
美国管理学家和社会学家，经济组织决策管理大师，建立了决策理论

赫伯特·A.西蒙（Herbert A. Simon，1916—2001），美国管理学家和社会学家。他是加利福尼亚大学、伊利诺伊理工学院以及卡内基-梅隆大学的计算机科学和心理学教授。他还担任过企业和政府的顾问。西蒙在管理科学上的贡献在于他深入研究了经济组织的决策程序，提出了管理的决策职能，建立了系统的决策理论。该理论是以社会系统理论为基础，吸收了古典管理理论、行为科学和计算机科学等内容而发展起来的一门学科，被公认为具有企业实际决策的独创内涵。西蒙的主要著作有《管理行为》《公共管理》《人的模型》《经济学和行为科学中的决策理论》《管理决策新科学》《自动化的形成》《人工的科学》《人们的解决问题》《发现模型》《思维模型》等。

西蒙主张，现实生活中的管理者或决策者其实不是完全理性的，当然也不是非理性的，而是介于两者之间的"有限理性"管理者。"管理人"的价值取向和目标往往是多元的，不仅受到多种因素的制约，而且处于一种变化甚至矛盾的状态。"管理人"的知识、信息、经验和能力是有限的，绝对的最优解是不存在的，因此也是不可能得到的，唯一可能实现的就是找到一个满意的解。在实际决策中，有限理性表现为：决策者不能找到所有的备选方案，不能完全预测所有备选方案的结果，也没有一套清晰且完全一致的偏好系统能在各种决策环境中选择最优的决策方案。西蒙的管理理论关注的是人类社会行为中理性和非理性方面的边界。⊖

詹姆斯·G.马奇（James G.March，1916—2018）于 1953 年获得耶鲁大学博士学位，1964 年出任加利福尼亚大学社会科学学院首任院长，1970 年任斯坦福大学管理学教授。他还担任过政治学、社会学和教育学的教授。他被认为是近 50 年来组织决策领域最有影响力的学者之一。他与西蒙一起发展和完善了决策理论学派。除了《决策是如何产生的》外，他还与西蒙合著了《组织》，与西尔特合著了《公司行为理论》。

詹姆斯·G.马奇
组织决策研究领域中最有影响力的学者之一

马奇教授博学多才，教授的课程范围广泛，包括组织心理学、行为经济学、领导力、计算机模拟、统计学等。此外，他还制作纪录片、发表诗歌，兴趣丰富多元。当然，马奇最为人所知的是他在组织和管理理论方面的开创性工作。马奇与西蒙、西尔特一起，在新古典企业理论的基础上，发展出了集社会学、心理学、经济学于一体

⊖ 西蒙.管理行为：珍藏版 [M].詹正茂，译.北京：机械工业出版社，2013：33-34.

的企业理论。与此同时，他大胆地跨越界限，创造出体现诗人感性的隐喻，如组织选择的"垃圾桶理论"和"愚蠢术"，顾问的"疾病携带者"作用和"热炉"效应。㊀

决策理论学派的主要理论

1. 管理就是决策

所有的组织活动可以分为两部分：决策和执行。传统的管理理论侧重于追求执行的高效率，也就是决策的后半部分。而决策理论学派的研究侧重于追求决策的合理性，也就是决策的前半部分，这被认为是管理的核心问题。"为了理解决策意味着什么，"西蒙说，"你必须理解广义上的决策，以至于它几乎是管理的同义词。"㊁

在任何工作开始之前都必须先做出决策。西蒙等人认为，任何一个组织的成员决定是否加入该组织是他们的第一个决策。在做出这个决策的过程中，成员会将自己对组织的贡献与从组织获得的激励进行比较。如果激励大于贡献，那么他们会选择参与。

组织是一个由作为决策者的个人组成的系统。管理者承担的任何管理问题都包含决策问题。任何一项工作在开始之前，都必须做出决策，这个决策贯穿于计划、组织、控制等各个方面。组织中所有级别的人员都会经历决策，比如最高管理者需要对组织的宗旨和总体方针进行决策，中层管理者决定各部门的目标和计划，以实现上级提出的宗旨和总体方针，基层管理者进一步制订相应的日常计划和安排。决

㊀ 刘佳．詹姆斯·马奇：寻找组织之美 [J]．经营与管理，2014（11）：10-11.
㊁ 西蒙．管理决策新科学 [M]．李柱流，等译．北京：中国社会科学出版社，1982：33.

策是否合理，在很大程度上决定了这个计划最终实现的结果。组织决策贯穿组织的各个方面、各个层次和组织的整个过程。因此，管理就是决策。

2. 决策过程理论

西蒙认为，决策是一个完整的过程，由一系列相互关联的阶段组成，而不是局限于从几个选择中选择一个。他指出，有一种误解是，"决策者是在关键时刻的十字路口决定最佳路线的人"。这一种误解只关注了最终决定的那一刻，而忽略了整个决策过程，因而对于决策的描述其实是扭曲的、片面的。

西蒙将决策过程分为四个主要阶段。

（1）收集情报。这一阶段的主要任务是收集和分析组织环境中的经济、技术、政治、社会、文化等方面的信息以及组织内部的信息，从而提出需要确定的问题和目标，找到决策的依据。

（2）制订方案。这一阶段的任务是根据现有情报，针对需要做出决策的问题和目标，开发并分析一系列可能的选择方案。人们通常会设计不同的方案，对它们进行比较，然后选择最好的那些作为备选方案。

（3）选择方案。这一阶段的主要任务是根据目前的情况和对未来的预测，从几个备选方案中选择一个予以执行。由于主客观条件的限制，我们很难找到最优解，甚至也不存在最优解，通常只需要找到一个满意的解。

（4）审核方案。这一阶段的任务是在实施过程中进一步审查和评价选定的方案，并对方案进行补充和修改，使其更加合理和完善。

从实际工作情况来看，管理者在以上四个阶段所花费的时间是不相等的。西蒙认为，管理者一般会把大部分时间花在对经济、技术、政治、社会和文化情况的调查、分析和判断上，这样才能更好地提出新问题和新想法；同时，他们也需要时间来设计和制订替代方案，以适应外部可能不断变化的环境；另外，他们也会花一些时间来审查方案的执行结果，确保方案的落地实施。但是，选择方案所花费的时间是较少的。

必须强调的是，这四个阶段中的每一个都是复杂的决策过程。例如，在第一阶段，从大量芜杂的、繁复的信息中去伪存真是一个决策过程；在方案活动的设计和分析的第二阶段，需要做出更多的决策；第四阶段还涉及对方案的审查和评价以及对方案的增加与修订的决策，因此不能认为决策只属于第三阶段。

每个阶段活动的实施必须是渐进的，但在实践中，各个阶段的活动往往是相互交织的。例如，在制订计划阶段，如果发现信息不足，就需要再次丰富信息，重复第一阶段的活动；在选择方案阶段，可能所有的备选方案都不令人满意，需要重新进行方案设计……总之，在任何决策阶段都可能会出现一些新的问题，而这些新问题需要信息收集和选择等新的活动。

此外，西蒙还指出，组织行为是一个复杂的网络，由无数个决策过程组成，其中几乎没有一个决策是由一个人做出的。事实上，即使组织明确地将一个重大决策的责任分配给某个人，这个决策看起来是由某个人做出的，但他的决策前提也是由许多相关的部门和人员提供的，他的决策只是分析这些前提得出的最终结论。正如西蒙所说，所有重大决策的形成过程几乎都成为一个复合过程，也就是许多决策之间相互作用的过程，或者它始终是一个复合决策。

3. 决策的合理模式

管理的任务是实现决策的合理性,而实现决策合理性的关键是选择合理的决策模式。

西蒙和马奇根据对人的假设,将决策管理理论分为以下几类。

"经济人"模式。在这种模式下,组织员工被视为从事某些任务的生产工具。他们只能被动地接受命令、进行操作,不能对企业的问题解决起到实质性的引领作用。古典管理理论属于这一模式。

"动机人"模式。这种模式认为组织的成员不是机器人,而是满足个人需求、动机和目的的劳动者。劳动者为实现组织目标而进行合作的动机是劳动生产率的重要决定因素之一。科学管理理论属于这种模式。

"决策人"模式。在这种模式中,组织的成员是决策者,他们理性地选择手段来实现一定的目标。该模型以决策的合理性为主体。

"决策人"模式。这种模式认为理性的"经济人"模式虽然也追求理性决策,但由于现实中存在诸多局限性,因此它只是一种抽象合理的模式。它的缺陷表现在"经济人"的决策模式中没有"全知人"。没人能掌握与一项决定相关的所有信息、拟订所有的备选方案,或者预测所有可能的结果。

4. 决策准则

西蒙指出,我们不能用"绝对理性"和最优化原理来衡量经济人或理性人,因为要达到"绝对理性"有三个先决条件:第一,决策者对备选方案及其未来结果有足够的信息,并能做出预测;第二,决策者应该有近乎无限的估计、计算能力;第三,决策者需要掌握所有可能的结果。西蒙认为,我们现实生活中的人绝对不是理性的"经济人",而是"有限理性"的"管理人"。由于资金、时间、信息来源和认知能力等方面的限制,决策者不可能做出"最优"的决策。人们只需要得到一个次优的但是让人足够满意的结果即可,而不是坚持要获得最好的答案。此外,从群体的角度来看,任何决策都必须基于两个基本要素。

- 从最高层到企业的业务层,必须有充分的信息沟通和传递,这在现实中往往受到各种条件的制约。
- 群体决策必须面对一定的有限环境,而且可能是多人决策的整合。但是环境总是存在着客观的限制,而且每个人的理性也永远是有限的。

同时,西蒙还认为,根据组织的活动是否反复发生,组织的决策可以分为程序化决策和非程序化决策。程序化决策的模式应编入方案,以减少决策过程的费用,只有偶然发生的活动才需要做出非程序化的决策。

理论评价与管理启示

从管理职能的角度来看,决策理论无疑提出了一种新的管理职能。西蒙提出,决策是管理的一项职能,管理贯穿于组织活动的全过程,进而提出"决策是管理的核心"的主张,而传统管理学派则将决策功能融入了计划的职能。决策理论不仅适用于企业组织,也适用于其他组织的管理,具有普遍意义。因此,"决策是管理的一项重要职能"这个观点得到了学术界和实业界的广泛认可。

同时，该学派首次强调了在执行前分析管理行为的重要性和必要性。以往的管理理论对管理的研究侧重于对管理行为本身的研究，而忽视了对管理行为的分析，西蒙将管理行为分为"决策"和"执行"，并将研究重点放在管理的"决策制定"上，即决策的前半段，侧重于分析企业应该怎么做决策，这为未来的企业实践提供了一个新的视角。

CHAPTER 19
第十九章

经理角色学派

从管理学的出现到 20 世纪 70 年代，管理科学家们研究了许多理论和方法问题，产生了各种理论和学派。但值得注意的是，管理科学家们一直缺乏对理论具体应用于实践的有效研究，尤其是对管理者的实际活动的研究。如何验证一个理论，如何使理论成为实际管理者手中有用的工具，必须取决于管理者对自身的定位和对管理的深刻理解。

20 世纪 70 年代，以亨利·明茨伯格为代表的经理角色学派诞生了。该学派采用的方法是：一方面，利用日记来系统地观察和记录管理者的工作活动；另一方面，在观察过程中和观察结束后，对管理者的工作进行分类，从而对管理者工作的本质有更深入的了解。

代表人物及其代表作

亨利·明茨伯格（Henry Mintzberg）是经理角色学派的主要代表人物之一，他于1939年出生在加拿大多伦多。他在1961年获得麦吉尔大学机械工程学士学位，并在1965年和1968年获得麻省理工学院管理学硕士和博士学位。之后他回到麦吉尔大学任教。在国际管理学术圈中，明茨伯格是最具独创性的管理大师，由于他经常提出挑战传统和打破偶像崇拜的见解，因此也被认为是一个叛逆者。

亨利·明茨伯格
经理角色学派的主要代表人物之一，代表作为《经理工作的性质》

与大多数学者不同，明茨伯格仔细观察了经理们在办公室里的所作所为，发现真正的老板大部分时间都在迅速应对危机，直到今天，这一观点才被许多管理科学家所接受。虽然教授们通常擅长提出具有挑战性的问题，但是很少去实际地解决，而明茨伯格则花时间致力于实际问题的改善，他的整个学术生涯都在试图理解管理者如何做出决策和制定战略。

明茨伯格的代表作《经理工作的性质》是经理角色学派最早的经典著作。这本书是基于他1968年的博士论文《工作中的管理者：通过结构化观察定义管理者的活动、角色和过程》和其他相关文献而撰写的。明茨伯格强调，管理者的主要目标是确保组织有效地生产某些产品和服务；管理者必须设计和维护组织业务的稳定性，对组织的战略决策系统负责；管理者必须作为组织与环境之间的关键信息纽带，建立组织与环境之间的信息关联。

除了明茨伯格外，还有很多学者从经理角色学派的角度进行研究。乔兰（Choran）用结构分析法研究了三家小公司总经理的各种角色，并于 1969 年出版了《小公司的经理》一书。科斯廷（Costin）1970 年出版的《商业和政府中的管理轮廓》一书研究了 200 名中层管理者的角色；约翰·贝克斯（John Bex）在 1971 年 9 月的英国运筹学学会上发表了《对变动环境中的经理角色的某些观察》。萨尔宾（Sarbin）和阿利安（Alien）在 1968 年发表了《角色理论》，托马斯（Thomas）和比德尔（Biddle）在 1966 年发表了《角色理论：概念和研究》，托马森（Thomason）在 1966 年发表了《经理的角色和关系》……他们都对经理角色学派的理论进行了深入的分析和探讨，为缩小理论工作者与实际管理者之间的距离做出了重要贡献。

经理角色学派的主要理论

"经理"指的是一个正式组织或单位的主要负责人，具有正式的权威和地位，也即管理者；而"角色"的概念借用了舞台术语，指的是"属于某一责任或职位的一组有组织的行动"。明茨伯格认为，对企业来说，通过分析管理者的角色可以找到管理的基本原则，如果将它应用到管理者的管理实践中，可以提高管理效率。

经理角色学派对管理者工作的特点、所担任的角色、工作的目标、工作类型的划分、影响管理者工作的因素以及管理者工作效率的提高等关键问题进行了调查和研究。他们使用日记法系统地观察和记录经理的工作活动，并对观察期间和观察之后经理的工作内容进行分类。明茨伯格的研究内容包括对企业中高层管理人员工作日记的研究，对街头帮派头目、医院管理人员、生产管理人员的持续观察，对美国总统工作记录的分析，对车间主任工作的调查，对高层管理人员工作结构的梳理等。他对收集到的材料进行归纳，然后提出有规律的结果。

《经理工作的性质》作为经理角色学派最早的经典著作，在介绍和评价当代关于经理职务的古典学派研究的基础上，全面阐述了经理角色理论的主要组成部分。

1. 经理工作的共同特点

（1）大量的工作和难以松懈的节奏。为什么经理要接受这样的工作量和节奏？主要原因是经理的工作本身就具有广泛的范围。经理要对组织的成功负责，实际上没有明确的时间表让他停下来，宣布他完成所有任务可以下班了。经理必须始终前进，因为组织一天都不能停止工作。一个经理永远无法确定他什么时候会成功，也无法断定他的组织什么时候会因为某个错误而垮台。因此，经理必须是一个专注的人，他工作的节奏必须很快，因而也很少有休息的时间。

（2）工作活动简短、多样、琐碎。相较于社会上大多数工作的专业化和专一化这两大特点，经理的工作更加全面和多样，他的活动具有简短性、多样性和琐碎性的特点。调查发现，车间主任平均每天要处理多达100件事情，而总经理平均每天要处理36件书面和16件口头接触事务，而且几乎每次接触都涉及不同的事情。经理的单项工作时长通常很短，总经理一半以上的任务都是在9分钟内完成的，只有1/10的任务需要1个小时以上。因此，只有在参与价值明确的情况下，经理才会参与，且避免过分专注于某一个问题。在这种情况下，肤浅成为经理工作的一种职业危害。要想成功，经理必须善于克服自身的困难。

（3）优先考虑现实的、具体的、明确的、非常规的活动。经理倾向于关注工作中更活跃的部分，比如那些更加现实的、具体的、明确的和非常规的活动。经理似乎只对那些大家直接关心的特殊事件做出积极的反应，而对日常任务的关心较少。研究表明，经理有强烈的即时信息需求，但不太注意其组织提供的许多例行报告。由于需要快速获取信息，经理似乎愿意接受高度的不确定性：流言、猜测和道听途说反而成为经理的信息来源的重要组成部分。

（4）口头交谈方式的偏好。经理使用的基本工具/方式有五种：电子邮件（以及其他包括微信在内的线上通信方式）、电话、未安排的会晤、已安排的会晤和观察。这些工具/方式之间有一些基本的区别。例如，电子邮件需要一套正式的语言体系，并且需要很长时间等待响应。除了文字本身所包含的信息外，所有的言语手段也可以通过音调和反应速度的变化来传递信息。此外，面部表情和手势也可以用来在面对面的交谈中传递信息。因此，大多数经理更喜欢口头交谈。事实上，根据统计，在经理的工作中，口头交谈占工作时间的78%，按照活动数量来计算的话则为67%。

（5）重视各种信息联系。经理和组织以及组织外的所有人保持着一个复杂的网络，根据调查，经理与客户、供应商、业务伙伴和同一层级的人员以及其他外部的联系消耗了他们1/3～1/2的时间，与下属之间的联系消耗了1/3～1/2的时间，而与其上级的联系时间通常只占10%。经理位于这个网络节点上，过滤他从外部世界接收到的信息，并将大部分信息发送给他的组织。

（6）权力和责任的结合。经理的职位反映了责任和权力的结合。经理负责许多工作的最初决定，因此责任很重，同时经常会有紧急的问题要处理，他几乎不能控制环境和他的时间。但是，这要看他如何管理自己的事务，特别是他有以下两项重要的自决权。

第一，经理可以做出一系列初步决策。例如，经理可以自主发起一个新的项目，但一旦它被批准实施了，可能就需要他付出时间，甚至可能长达好几年。

第二，经理可以利用他的职责收集信息，做出决策。例如，一个社交性的场合可以为精明的管理者提供一个收集信息的机会；管理者可以通过在过程中提出新想法，将问题转化为机会。○

2. 经理的角色

明茨伯格指出，经理通常承担十种角色，可分为三类：人际角色，名义首脑、领导者、联络者；信息角色，监听者、传播者、发言人；决策角色，企业家、故障排除者、资源分配者、谈判者（见表 19-1）。

表 19-1　十种角色概要

角色		描述	特征活动
人际角色（人际关系方面）	名义首脑	象征性的首脑，承担法律性或社会性的程式义务	参与礼仪和地位要求的社交活动
	领导者	激励下属，负责用人、训练和交际	开展针对下属的管理活动，回复来函
	联络者	保持与外界的联系，是组织的信息来源	完成董事会安排的工作，发感谢信，处理其他有外部人员参加的活动

○ 明茨伯格. 管理工作的本质：珍藏版 [M]. 方海萍，等译. 北京：中国人民大学出版社，2012：56-60.

(续)

角色		描述	特征活动
信息角色（信息传递方面）	监听者	作为组织内外部信息的神经中枢，收集各种信息，时刻探查组织及外部环境	处理各种信息收集相关的事务
	传播者	处理并向组织成员传播信息	发邮件或口头转达
	发言人	将组织内部信息传递给组织外部的人	举行董事会会议，向媒体发布信息
决策角色（决策制定方面）	企业家	寻求机会，发起改革，监督	制订改进性方案，召开会议
	故障排除者	面临故障时采取补救措施	召开涉及故障和危机处理的战略会议
	资源分配者	分配资源	预算编制，安排下级工作
	谈判者	代表组织参加谈判	谈判

经理的这十种角色是一个相互联系、不可分割的整体。人际关系方面的角色产生于经理在组织中的正式权威和地位；这进一步产生了信息传递中的三种角色，使其成为特定组织中重要的信息神经中枢；获取信息的独特地位使经理在组织的重大决策中处于中心位置，使他们在决策中扮演四种角色。

这些角色表明，从组织的角度来看，经理是一个全面负责的人，但实际上也会执行一系列专门的工作，既是一个多面手，也是一个专家。

3. 经理工作的权变理论和八种类型

根据明茨伯格对经理日常管理工作的研究，他们的工作内容和特点的差异可以用四个变量来解释：

- 环境变量：包括周边环境、产业部门和组织特征；
- 职务变量：包括工作的水平及其作用；
- 个人变量：包括担任职位的人的个性和风格特征；

- 情绪变量：包括很多与时间有关的因素。⊖

由于以上因素造成的影响，经理职务又分成八种基本类型：联系人（强调联络者和名义首脑的角色）；官方经理（强调发言人和谈判者的角色）；企业家（强调企业家和谈判者的角色）；内当家（强调资源分配者角色）；实时经理（强调故障排除者角色）；协调经理（强调领导者角色）；专家经理（强调监听者和发言人角色）；新经理（强调联络者和监听者角色)（见表 19-2 ）。

表 19-2　经理职务的八种类型

经理职务类型	关键角色	经理职务类型	关键角色
联系人	联络者、名义首脑	实时经理	故障排除者
官方经理	发言人、谈判者	协调经理	领导者
企业家	企业家、谈判者	专家经理	监听者、发言人
内当家	资源分配者	新经理	联络者、监听者

4. 经理工作的科学程序及要点

尽管到目前为止，几乎没有一个经理的工作可以被明确地编程，但研究表明，所有经理级别的决策和行动都可以用相对确定的编程语言来描述。管理科学要求区分管理工作的各个过程，明确其内容，然后将各个过程结合起来模拟实际的管理工作。一个成功的战略制定系统的程序结合了管理者的技能（容易获取信息和灵活应对突发事件的能力）和分析者的技能（对战略问题进行彻底和深入的分析）。

经理必须对他们在工作中可能面临的主要困难有敏锐的嗅觉，并积极寻求有效的解决方法。明茨伯格的研究表明，为了提高管理效率，

⊖ 明茨伯格.经理工作的性质[M].孙耀君，王祖融，译.北京：中国社会科学出版社，1986：78.

经理可以将注意力集中在以下几个方面：

- 与下属分享信息；
- 自觉克服工作中的表面性；
- 在信息共享的基础上进行放权，让两三个人共享经理的职责；
- 尽可能利用职责，为组织目标服务；
- 放弃不必要的任务，腾出时间来规划公司的未来；
- 专注于适合当时特定环境的角色；
- 既要掌握具体细节，又要有全局观；
- 充分意识到自己对公司的影响；
- 管理影响组织的各种力量之间的关系；
- 学会充分利用管理科学家的知识和才能。

理论评价与管理启示

经理角色学派理论来源于对传统管理职能的新认知。明茨伯格认为传统的管理职能和人们认知中的管理工作大不一样，传统的管理职能研究不能全面做到理论结合实际，没有对经理工作进行深入的研究，缺乏有效的依据，不能反映出经理工作的真正面貌和实质。[一]

经理角色理论是在现代企业组织理论的基础上发展起来的。它是经营权属分离和经理作为一种职业发展的产物。这一理论不仅对人们了解经理的作用、工作性质、职能，以及对各类管理者的培训具有重要价值，而且对如何提高经理的工作效率也具有重要的实践指导意义。

[一] 明茨伯格. 经理工作的性质 [M]. 孙耀君，王祖融，译. 北京：中国社会科学出版社，1986：13.

因为经理的工作极其重要，他的权力又非常大，所以他的行为影响非常深远。因此实业界迫切需要建立一套既不影响经理发挥职能作用，有效保证其积极性和创造性，又能防止其滥用权力的制度。过去的经验表明，旧的管理体制没有充分考虑到经理的复杂作用，导致经理的作用没有得到充分发挥。在这方面，公司治理领域的"委托代理理论"提供了一个很好的视角，它有助于我们更清晰地理解经理的角色和行为边界。同样，经理角色理论也为中国企业在这方面的改革提供了很好的理论支持。

然而，关于经理角色学派的管理职能的结论仍不完善。经理角色学派提出的十个角色只能通过归纳得出，而且调查的管理者数量太少，其可靠性也受到一定程度的质疑。同样，明茨伯格所指出的管理行为是否包括了所有的组织管理行为也值得探讨。

CHAPTER 20
第二十章

经验主义学派

20世纪60年代是美国的繁荣时期。1961—1969年，美国经济经历了长达106个月的快速增长，一大批大型企业相继崛起，如美国钢铁公司、通用汽车公司、福特汽车公司等，取得了良好的经济效益。这些公司取得成功后，开始总结自己的成功实践经验，形成了经验主义学派。这一学派思想的出现，再次证明了管理是一门实践学科，除了需要理论研究外，还必须符合实践，并以实践为原则，将从实践成果中总结出来的科学理论在企业管理实践中进行创造性和艺术性的应用，只有这样才能体现管理学本身的意义。

经验主义学派旨在为西方大型企业的管理者提供成功的管理科学方法，它的历史可以追溯到1911年受哈佛商学院邀请出版的《系统杂志》（现更名为《商业周刊》）。出版商A.W.肖（A. W. Shaw）于1911

年应哈佛大学商学院之邀,首次讲授"经营方针"课程。哈佛商学院原本希望他帮助学生将他们在各个课程中所学到的知识整合起来,然而肖一反套路,邀请了大量的公司总裁来讲授这门课程,并让他们讨论如何更好地解决企业管理中的具体问题,让学生们了解高层管理人员在管理中所遇到的不同的关键问题和采取的相应解决措施。哈佛商学院的教授们也对这些实际管理者进行了大量深入分析,试图找出评估公司竞争优势的方法。从这些总裁的第一手管理经验中,他们发现管理者的决策对企业的绩效有很大的影响。成功的管理者能够分析企业所处的环境,充分了解企业的优势和劣势,选择能使企业实现显著价值的战略。

代表人物及其思想

1. 彼得·德鲁克

著名管理学家彼得·德鲁克(Peter Drucker,1909—2005)出生于维也纳。他对管理学有巨大的贡献和深远的影响。德鲁克在广泛实践的基础上创作了30多部著作,奠定了他作为现代管理学创始人的地位,被誉为"现代管理学之父"。其中,《管理的实践》奠定了德鲁克在现代管理学术史上的地位,《卓有成效的管理者》成为世界各国管理

彼得·德鲁克
著名管理学家,现代管理学创始人

者必读的经典著作。2002 年 6 月，时任美国总统乔治·W. 布什宣布，授予彼得·德鲁克总统自由勋章，这是美国公民所能获得的最高荣誉。

《管理的实践》是德鲁克于 1954 年撰写的一本管理学经典著作。这本书是一本关于管理的本质、原则和理论的框架性著作。《管理的实践》的根本目的是通过对管理原则、管理职责和管理实践的研究，探讨如何建立有效的管理机制和制度。㊀

在《卓有成效的管理者》一书中，德鲁克认为，一位卓越的管理者具有以下 6 个方面的特征。

- 关注目标和表现，只做正确的事。
- 一次只做一件事，而且只做最重要的事。
- 明白自己的贡献在于创造新的想法、愿景和概念，目标是提高组织的整体绩效。
- 在挑选高级管理人员时，需要注重卓越的业绩和正直。致力于汇集员工的知识和技能，并利用这些优势来实现组织的目标。
- 了解改善沟通的重要性。
- 只做有效的决策。㊁

德鲁克对于管理学的贡献巨大，他的管理思想内涵极为丰富，很难用简单的文字加以论述，要了解他广博、深邃的管理思想，系统阅读他的各种管理学著作是最有效的途径。而他最主要的特点是强调管理的实践性，将管理学理论嵌入在丰富的管理场景中加以出神入化的

㊀ 德鲁克.管理的实践：珍藏版 [M].齐若兰，译.北京：机械工业出版社，2009：8.
㊁ 德鲁克.卓有成效的管理者：珍藏版 [M].许是祥，译.北京：机械工业出版社，2009：73-75.

阐述和分析，最终得以指导人们有效地运用，达到最佳的管理效果。此外，他还强调对管理者的博雅教育，从更广阔的视角来培养优秀的管理者。

2. 欧内斯特·戴尔

欧内斯特·戴尔（Ernest Dale，1914—1996），美国著名管理学家，他是经验主义学派的重要代表人物之一，出生于德国北部海港城市汉堡。20世纪30年代，他在英国剑桥大学获得工商管理学士学位，后来又在耶鲁大学获得硕士和博士学位。戴尔提出要掌握成功企业和组织者的伟大经验，用比较的方法来研究组织，发现和描述各种不同组织结构的"基本相似性"，然后把"基本相似性"收集起来进行分析，得出一些共通的结论，这样就可以用于其他类似的情况。例如，分权对管理成本的影响，个人控制对管理幅度的影响，分配方式或组织结构对管理效率的影响等。

欧内斯特·戴尔
美国著名管理学家，经验主义学派的重要代表人物之一，提出用比较的方法来研究组织

戴尔的主要著作包括《伟大的组织者》《组织中的参谋工作》《企业管理的理论与实践》等。他1960年在《伟大的组织者》一书中断然否定了组织和管理存在"普遍原则"的观点，强调对大型企业的管理经验采取一种比较研究的方法。戴尔认为，目前还没有人掌握企业管理的"普遍原则"，我们能做到的只有提炼和总结出不同组织的"基

本相似性"。在他看来，管理知识的真正来源，是那些在大公司中拥有非凡个性和才能的"伟大组织者"的经验。如今，关于大公司的管理书籍比比皆是，但是回溯到那个时代，戴尔的观点为人们提供了一个新的管理视角。

3. 艾尔弗雷德·斯隆

艾尔弗雷德·斯隆
美国企业家，传奇式领袖，在管理与商业模式上创新的代表人物

艾尔弗雷德·斯隆（Alfred P. Sloan，1875—1966），美国企业家，他是通用汽车公司第八任总裁，被认为是"第一个成功的职业经理人"。在《商业周刊》创刊75周年之际，斯隆被评为过去75年来最伟大的创新者之一。1921—1922年，他提出了"集中政策控制下的分散经营"的组织模式，这是事业部制组织结构的雏形。他将通用汽车按产品划分为21个部门，由4名副总经理领导。整个公司的重大政策，如财务控制、长期规划、重要领导的任免、重大研究项目的决策等，都由公司总部控制，其他具体业务则完全由各个部门负责。在斯隆看来，这种管理体制贯彻了"政策决策与行政管理分离"的基本原则，在集权与分权之间取得了更好的平衡。经过斯隆的改革和重组，当时濒临破产的通用汽车公司迅速发展成为世界上最大的汽车公司。斯隆还树立了20世纪企业管理的典范，与通用电气的杰克·韦尔奇

（Jack Welch）并称 20 世纪最伟大的首席执行官。

斯隆因在公司结构方面的扎实工作而被人们铭记。通用汽车前首席执行官凯文·杜兰特（Kevin Durant）的历史遗留问题是，该公司的几个子公司独立运营，在总公司承担亏损的同时，子公司擅自保留并拒绝交出利润。斯隆处理失控局面的方法是卓越的：他保持了分散决策和独立行动的优点，但核心是政策制定和执行分离，前者由总部的决策委员会授权，后者在很大程度上由运营单位自由决定。两者的交集由运营指导委员会协调，该委员会由业务单位的经理和决策委员会的成员组成。此外，设立财务委员会进行财务决策，其成员多为外部董事，发挥中立地位的优势，保障投资收益，确保重大投资按照总公司的战略方向进行。投资部分由拨款委员会集中处理，斯隆亲自负责。他传奇的工作经历也为他后来的经验主义学派思想提供了鲜活生动的例子。

经验主义学派的主要理论

经验主义学派研究管理的主要方式是研究来源于管理者的实际管理经验。他们认为成功管理者的经验是最值得借鉴的。因此，他们着重分析许多组织中管理者的经验，进行总结和提炼，找出他们成功经验中的共同点，将其系统化和理论化，并以此为基础为管理者提供切实可行的建议。经验主义学派在一定程度上反映了现代社会生产管理实践的客观要求，通过对大量案例的分析研究，得出了实际可靠的经验借鉴。

1. 管理的性质

经验主义学派认为管理是一种管理人的技能，是一种特殊的、具有艺术性的活动，也是独立的知识领域。管理学包括了管理工商企业的理论和实践原则。管理技能、能力和经验不能移植和应用于其他组织；任何管理工作的基础都必须是企业管理，因为企业是最早出现的现代机构，企业管理从一开始就具有普遍性和延续性。

管理不仅仅是常识，也不仅仅是积累的经验，它至少还包含了一套系统的知识。管理学作为一门科学，有自身的基本问题、专业技能、独特解决方案。德鲁克还强调，比起医学、法律和土木等学科，管理具有很强的实用性，非常强调实际应用，讲究因时、因地而变。

2. 管理的任务

（1）取得经济成就。德鲁克认为，取得经济上的成功是管理的首要任务。一个机构的存在基于特定的社会功能，为实现特定的目的和使命。对企业来说，企业存在的目的便是盈利，这意味着经济上的成功。因此，企业的管理者必须始终把经济成功放在他们所做的每一个决定和采取的每一个行动的首位。如果一个企业不能取得经济上的成功，它就不能以消费者愿意支付的价格为他们提供所需的商品或服务。如果不能增加或至少保持生产社会所需经济资源的能力，企业便与失败无异。[⊖]总之，企业作为经济机构，无论社会经济制度和社会意识形态如何，都有责任创造持续的利润。

（2）使工作充满活力，使劳动者有成就感。和其他社会组织一样，企业只有一种真正的资源，那就是人。企业把人作为一种资源来完成它的工作，并通过激励他们完成工作来实现它自身的目标。在当今社会，这些机构越来越成为个人谋生、获得地位、社会交往和实现个人成就的手段。因此，使工作充满活力，使员工取得成绩，作为管

⊖ 德鲁克.卓有成效的管理者：珍藏版 [M].许是祥，译.北京：机械工业出版社，2009：90.

理工作的一项重要任务，显得越来越重要。同时，德鲁克强调，管理人与管理事是有区别的。

（3）正确处理企业对社会的影响和责任。德鲁克认为，每一个机构都是社会的一个器官，为社会而存在，而不是为自己而存在，企业也不例外。企业在生产经营过程中，必然会对人和社会产生影响。因此，判断一个企业的好坏，不应该看它自身，而应该看它对社会的作用。因此，管理层也需要关注企业对社会的影响和责任。

3. 管理的职责

经理作为企业的主要管理者，有两项不可替代的职责。一是形成一个生产连续体，它比各部分的总和更有生产力。从这个意义上说，经理要促进生产连续体的形成，就必须克服企业的各种弱点，充分利用各种资源，特别是人力资源。二是做每一个决定或采取每一个行动都要符合当前和长期的利益，以下这些共同的责任是每位经理都需要承担的。

- 设定目标，决定需要做什么来实现它们，并与所有参与实现它们的人进行沟通，确保他们了解自己的任务。
- 将工作组织、分类、划分为更详细的管理活动，便于组织机构的建立、人员的选拔等。
- 鼓励和沟通，用表扬、奖励、晋升等手段激励员工做好工作。
- 分析企业的成果，对企业全体人员的工作进行评价。
- 使员工得到成长和发展，合理落实作为管理者的职能，使员工更容易开发自己的潜力，得到相应的成长和进步。

经验主义学派的学者认为，管理者的工作是激励、指挥和引导人们做好自己的工作，发挥这种作用的效果取决于他的听、说、读、写能力，他需要把自己的想法传达给别人，并学会分析别人的想法，阅读别人的言语和非言语信息，观察、猜测别人的情绪。

4. 管理的技能与组织架构

德鲁克认为，管理工作由于其特殊性和实践性，要求从事管理工作的人员具备一些特殊技能，这些技能有：

- 做出有效的决策；
- 有效地进行信息交流；
- 正确运用核查与控制；
- 正确运用分析工具，及时分析各种数据和现象。

有效的组织结构是一种组织设计，它使企业的关键活动得以运行并取得成果，而这些关键活动又反过来成为组织结构中能够正常运行并承担负荷的要素。德鲁克认为，任何组织结构都必须满足一些必要条件。这些条件包括以下方面。

（1）明确清晰。组织中的每个部门和每个人，尤其是每个管理者，都需要确切地知道他属于哪里，他处于什么地位，他可以去哪里获得他需要的信息、取得合作或做出决定。

（2）经济有效。控制、监督和引导人们实现结果的激励因素应该保持在最低限度，一个良好的组织结构应该鼓励自我控制和自我激励。

（3）愿景方向。组织结构应把个人和管理的眼光引向取得成就，而不只是付出努力。

（4）理解任务。一个组织应该使得每个单位、每个人都理解自己的使命。为实现此目的,在组织结构中的信息流动不应有任何障碍。

(5)决策效率。组织设计是否有效,关键在于它阻碍还是加强了决策实施过程。一个好的组织结构必须能使组织做出正确的决定,并将这些决定转化为工作上的成就。

(6)稳定适应。一个组织需要有足够的稳定性,但不能死板,要对变化无常的环境有高度的适应能力,不断对未来做出合理的规划,这样才能持续发展。

(7)可持续性。一个组织必须从内部和各级培养出未来的领导者。此外,为了可持续和自我更新,组织还必须接受新思想,愿意和能够接受新事物,不断创新。

5. 高层管理者

根据经验主义学派,高层管理人员是决定战略、制定标准和执行命令的关键成员。高层管理人员面临着组织结构和战略在规模、复杂性、多样性、发展、变化和创新等方面的各种特殊挑战。他的任务如下所述。

- 认真考虑使命,即首先提出"我们的企业是什么,应该是什么"的问题,确定企业的目标,制定战略和计划,在当前做出决定,以实现未来的结果。
- 设定标准和榜样,关心组织应该做什么和正在做什么之间的差距,关心组织关键领域的愿景和价值观。
- 考虑企业的组织结构和设计,培养未来管理的人才,特别是高级管理人员。
- 建立和维护与客户、主要供应商、金融机构、政府和其他外部组织的关系。
- 参加正式活动——宴会、社交活动等。
- 处理紧急事件或重大危机。

德鲁克认为，最高管理者的工作应该由一个团队来完成，而不是一个人，因为工作所需的不同能力不可能有某个人同时具备，最高管理者的工作量也不可能由一个人来完成。因此，为了使一个公司的高层管理人员有效地工作，必须满足以下条件。

- 谁在某一领域拥有专业知识并承担主要责任，谁就拥有该领域的最终决定权。
- 任何成员都不应就他不负有主要责任的事项做出决定。
- 一个高级管理团队需要一个班长，但班长不等于老板，而是这个团队的领袖。
- 高层管理团队的成员不必互相喜欢，但他们不应该相互干扰。
- 高层管理团队的每个成员都应该密切交流信息。

德鲁克指出，高层管理者要制定公司基本战略，这种战略比财务战略、产品开发战略和市场销售战略更为重要，它涉及企业的规模、多元化、复杂性、成长和创新等。

（1）关于企业规模。企业的规模、结构和战略密切相关。不同的规模要求不同的结构、政策、战略和行为。

（2）关于企业成长。企业成长必须有一个合适的目标，这个目标能在风险和各种资源的投入与产出之间达到最佳的平衡，否则企业的成长就会遇到桎梏甚至踏入陷阱。

（3）关于企业创新。创新是一家企业实现飞跃的重要因素，一个不懂得管理创新的高管是无能和失职的。高层管理者应积极支持创新，将企业创新视为企业获得竞争优势的事业而非一项职能。

6. 目标管理的管理方法

德鲁克等人认为，古典管理学派和行为科学学派都有其不足之处。前者强调以工作为中心的方法，忽视了人的因素，而后者则强调以人为中心的方法，忽视了与工作的结合。因此，目标管理的概念应运而生，这是德鲁克等人对管理学的重大贡献。目标管理是一种管理技能，使员工在工作中锻炼自我控制能力，从而实现工作目标。目标管理体现的是以工作为中心和以人为中心相结合的管理理念。它使员工完成任务，实现自己的需求，同时也使企业目标得以实现。

如今，目标管理仍然是应用最广泛的管理方法。德鲁克提出，首先要对企业目标进行分类：企业目标可以分为战略目标、策略目标、方案和任务。其中，战略目标主要由企业的高层管理人员制定，包括企业的产品、销售、利润、市场定位、技术开发、劳动关系、管理发展等项目；策略目标的复杂性和层次各不相同，它一般由中下层管理人员制定；方案和任务则是员工为自己的工作设定的目标。

在德鲁克看来，以下6个条件是目标管理成功的重要因素。

- 高层管理者参与。
- 下级人员积极参与目标的制定和实现。
- 有充分的资料信息。
- 对实现目标的手段须进行控制。
- 对实行目标管理而带来的风险要予以规避。
- 对员工须有充分的信心。

目标管理的实施要经过三个阶段。

（1）设定目标。由企业制定一年或一段时间的战略目标，各级管理部门制定部门应实现的策略目标，并由每个员工制定自己的目标，即方案和任务，从而形成目标体系。这个阶段非常重要，目标越具体、越清晰，越容易管理实现目标的过程，也越容易检查和评估结果。

（2）实施目标。目标实现过程的管理方法不同于传统的管理方法。实现过程主要由员工管理或控制，上级根据例外原则只对重大问题进行管理和监督。当员工的个人目标和各级管理层的战略目标实现后，企业的战略目标自然而然也就得到了落实。

（3）对成果进行检查和评价。把实现的结果同预定目标相比较，以总结成绩，积累经验，并应用于目标管理的下一个周期中，以便不断提高目标管理工作的质量。这样，目标管理就成为一个动态过程。⊖

理论评价与管理启示

首先，经验主义学派对传统管理学派的实证主义进行了批判，传统管理学派的实证主义简单地采用了狭隘的归纳方法，经验主义学派从管理者自身作为积极的行动者而非旁观者的立场出发，在复杂的动态关系中不断形成管理实践和再造管理的未来。其次，经验主义学派也充分肯定了人在企业管理中的重要作用，将人和企业的发展都列为管理的目标。

经验主义学派的主要方法是用描述性历史的方法来解释组织及其管理对象。它反对自然科学在管理上的泛化概括，提出了现代管理中

⊖ 科恩．跟德鲁克学管理[M]．闫鲜宁，译．哈尔滨：黑龙江科学技术出版社，2008：55-56.

最常用的管理方法——目标管理。经验主义学派对管理经验和过去的案例的强调与尊重，使现在的管理者有样本可以学习，能充分利用前人的经验并吸取教训，管理好自己的组织。而且由于管理案例的丰富性和多样性，更加强调管理者的学习能力和应用能力，而不拘泥于某种僵化的方法和理论，使管理成为一门基于科学的高超艺术。

但是，由于强调经验，因此经验主义学派不能形成有效统一的原理和原则，也不能形成统一完整的管理理论，导致有经验的管理者可以依靠自己的经验，而没有经验的初学者则会不知所措。此外，过去成功的经验不一定适用于今天和未来的管理。没有人能否认分析总结过去的管理经验的重要性，但未来不可能完全照旧。由于组织环境的不断变化，过度依赖未经提炼的实践和历史经验来解决管理问题，必然不能满足实际需要。特别是在当今互联网时代，环境复杂多变，不确定性高度增加，如果盲目地以过去为基础去看未来，必然会陷入"经验主义"的泥潭。

第四篇

当代管理学说

回顾过去百年来人类在组织理论、生产运营和提升劳动生产率方面所做的努力和取得的成就，或许我们应该好好庆贺一番，因为有了管理学的长足发展，我们可以享受经济发展、企业进步所带来的红利，也使得我们的组织结构不断完善，管理水平不断进步。但正因为社会在发展，科技在进步，人类思想和生活在不断发生着巨大变化，管理学也受到不断变化的经营环境的挑战。例如，世界经济格局的不确定性，顾客需求发生变化，新技术不断涌现，劳动者的构成和期望不断变化，企业经营者的理念也在不断改变等，这都对管理学的发展提出持续不断的新要求。正如著名的英国学者斯图尔特·克雷纳（Stuart Crainer）所说："50 岁的律师可以坐下来沉迷于他们所拥有的基础知识，因为他们知道，知识更新只是偶尔发生的事件，但管理者就不能享受这样的奢侈。50 岁的管理者也可以回顾过去，沉湎于过去的知识，但如果这样做的话，他们很快就会发现，他们将失去工作。管理需要变革和持续的改进。没有什么地方可以逃避这样的变革。知识更新是永远不变的要求。"㊀尽管斯图尔特对律师工作的描述可能并不尽然，但对管理学必须高度与时俱进的论述无疑是准确的。而正因为如此，管理学者们不断地以自己的深入研究丰富着管理学理论的宝库，同时也为管理实践者提供有益的指导。

㊀ 克雷纳.管理百年：20 世纪管理思想与实践的批判性回顾[M].邱琼，等译.海口：海南出版社，2003.

CHAPTER 21
第二十一章

战略管理理论

战略管理是企业管理中一个重要领域,任何一个企业,如果缺乏正确的战略指引,就会迷失方向。同时,战略管理也是管理学研究中的热门领域之一,在管理学界产生了战略管理理论的不同流派。对战略管理的认识是一个逐渐递进的过程,我们可以把战略管理的真谛视为一头大象,各种流派好比盲人摸象,从不同侧面认识大象的局部,以不同视角来认识战略管理理论真正的内涵及其重要性。

由于战略管理理论的重要性,在这一领域中存在众多著名学者。

有观点认为,美国管理学家艾尔弗雷德·D.钱德勒(Alfred D. Chandler, Jr, 1918—2007)是战略管理理论的开创者之一。"一般认为,第一个提出企业战略的人,是哈佛企业史学家艾尔弗雷德·D.钱德勒,他在1962年撰写的《战略与结构》一书中,为战略做出了初步定义：战略是一个企业基本长期目的和目标的确定，以及为实现这一目标所需要采取的行动路线和资源配置"，钱德勒还提出了一个在企业战略领域非常有名的观点，"战略决定结构"。成功的企业，首先确定它们的目的和实现这些目的的战略，然后，选择一套最能满足需要的组织模式或形式。这至今仍是许多战略思想的基础。㊀

艾尔弗雷德·D.钱德勒
伟大的企业史学家，
战略管理理论的开创
者之一

安索夫的战略管理理论

说起战略管理理论的开创者，伊戈尔·安索夫（Igor Ansoff，1918—2002）可谓是世界公认的战略管理鼻祖，被誉为"战略管理之父"。安索夫曾在美国斯蒂文斯理工学院学习工程学，取得硕士学位，此后进入布朗大学获得应用数学博士学位。他先后在美国海军后勤部、兰德公司和洛克希德公司就职，并曾担任洛克希德公司的副董事长兼总经理。安索夫于1963年开始他的学者生涯，先后在卡内基-梅隆等大学担任教授。他最有代表性的三本著作分别是《公司战略》《战略管理》《植入战略管理》。

伊戈尔·安索夫
"战略管理之父"

安索夫1965年出版的《公司战略》(*Corporate*

㊀ 威策尔.管理的历史：全面领会历史上管理英雄们的管理诀窍、灵感和梦想[M].孔京京，张炳南，译.北京：中信出版社，2002：224.

Strategy）一书，可谓是战略管理理论的开山之作。在这本书中，安索夫结合自己在洛克希德等公司的管理实践，思考公司应该如何在动荡不定的市场环境中，坚持自己的长期战略方向，并采取相应的经营管理措施。针对以前管理学者和企业经营实践者对公司经营管理有着长期性的需求但又缺乏系统性思考的现象，安索夫从战略在军事领域的应用出发，明确提出公司战略的四个构成要素：产品市场范围、成长方向、竞争优势和协同作用。根据这四个要素，每一个企业在思考如何进行战略规划时，都有四种组合战略：

- 市场渗透战略——现有产品和现有市场的组合；
- 产品开发战略——现有市场和未来新产品的组合；
- 市场开发战略——现有产品和未来市场的组合；
- 多元化战略——未来市场与未来产品的组合。

上述四种战略组合构成了日后"安索夫战略矩阵"的雏形，也成为安索夫战略管理理论的核心内容。

市场渗透战略，是以现有产品来面对现有市场，充分挖掘现有市场潜力，力求增加现有产品的市场占有率，在开拓现有市场和渠道的同时，注意提升产品质量和功能，提升消费者满意度，引导消费者提升产品购买量。

产品开发战略，是以新产品来面对现有市场，将企业经营重点放在新产品开发上。因为消费者永远是喜新厌旧的，而且对商品的需求也是在不断提升的，所以企业要不断推陈出新，推出新产品来满足现有市场消费者不断产生的对新产品的需求。

市场开发战略，是以现有产品去开发新市场。世界那么大，而企业的产品可能以前在某些市场鲜为人知，未能触达，或是现有销售手段和渠道开拓还不够，因此要加大市场开发力度，不断努力拓展新的市场。

多元化战略，是以新产品去面对新市场。这一战略要求企业充分考量自身能力和消费者需求态势以及市场发展前景，在这几个因素中保持适当的平衡，找到战略发展的最佳点位，在创新和冒险中保持最佳态势。

安索夫认为，战略管理是指企业高层管理者为了保证企业的生存和发展，认真分析企业所处的外部环境和内部条件，在此基础上对企业所有经营活动所进行的根本性和长远性的规划与指导。对于安索夫所提出的战略管理这一基本概念，此后的管理学家虽然表述方式不尽相同，但万变不离其宗，都基本同意安索夫所提出的基本概念。

PEST 分析框架无疑是安索夫的一大贡献，如今凡是致力于战略研究的学者，都会依据这一框架对企业所面临的外部环境进行全面分析。安索夫认为，企业的战略行为是企业对外部环境的应对以及由此导致的内部结构化的过程。因此企业制定战略的第一步是对外部环境进行全面评价。而这一评价，主要是应用 PEST（political、economical、social、technological）分析框架，全面评估企业所面临的政治、经济、社会、技术四方面环境对企业可能产生的影响，分析这些因素对企业制定经营战略产生的作用，并确定关键影响因素，然后在此基础上，根据企业的使命制定企业战略，并确定适宜的组织结构。

安索夫凭借他对于战略管理理论的杰出贡献，无愧于战略管理先驱和奠基者的称号。美国安索夫协会会长彼得·安东尼奥博士指出：

"通过战略管理概念，安索夫教授开创性地把对不连续变革、动荡和不确定性的管理转变为工具，并成功地、合适地向世界各国的企业组织进行输送。"不幸的是这句话登载在《战略变革》杂志 2002 年 12 月号安索夫逝世的讣告之中，但这也可视为是对安索夫的盖棺定论。由此可见安索夫的战略管理思想影响之深远。伦敦商学院客座教授加里·哈默（Gary Hamel）认为，安索夫无愧于公司战略鼻祖的称号。尽管用今天的眼光来看，安索夫的方法过于强调结构完美和确定性，对于企业实施战略管理所面临的不确定性和复杂性论述不足，但他毕竟是在历史上第一次运用适当的语言、程序，分析现代工业企业并明确地界定公司战略中的深层次问题，包括公司如何成长、如何寻求合作、如何借用外力等，他所提出的理论和分析工具对于企业制定正确且行之有效的战略具有很深刻的理论和实践意义。

迈克尔·波特的竞争战略理论

"战略"一词具有悠久的历史，在英文中，它来自古希腊的军事用语，指的是战争全局的筹划和指导原则，后来被广泛应用于社会各个领域。在现代企业管理中，经常会用到战略的定义，而在商业环境中，战略是实现组织目标、应对日益复杂和不断变化的外部环境的有力工具。

在安索夫提出战略管理的概念、重要性及其分析框架后，另一位战略管理方面的大师也是绝对不能忽略的，他就是迈克尔·E.波特（Michael E. Poter）。在中国，每一位讲授战略管理课的教授和每一篇论述战略管理的文章，几乎都会浓墨重彩地介绍波特的竞争战略理论，波特的"五力模型"理论框架在中国学者和管理学专业的学生中被广为引用。

迈克尔·E. 波特于1947年出生在美国密歇根州，1969年获得了普林斯顿大学机械和航空工程学士学位，1971年、1973年先后获得哈佛大学商学院工商管理硕士（MBA）和企业经济学博士学位。1982年，波特便获得了哈佛大学终身教授职位，可谓少年得志。波特著述颇丰，其中最著名的无疑是他具有广泛影响的三部曲《竞争战略：产业与竞争者分析技巧》《竞争优势：创造与保持优异业绩》《国家竞争优势》，这三本著作的出版，有力奠定了波特在全世界战略研究领域的大师地位。

迈克尔·E. 波特
哈佛商学院大学教授，商业管理界公认的"竞争战略之父"

《竞争战略》一书最重要的贡献在于，创新性地建立了行业结构分析的五种竞争力模型。这个模型使企业管理者在对行业形势进行分析时，有一个非常确定的框架，它指出了企业在制定竞争战略时绝对不能忽视的五种外部竞争力量。在充分考虑这些竞争力量，同时充分认识企业自身的情况之后，波特引入了成本领先、差异化、集聚化三方面的战略分析，为企业的战略定位提供了有效架构。

波特的"五力模型"

竞争战略基本上把市场结构作为企业盈利的决定因素，将分析的重点放在企业的外部环境上，以动态思维来制定和调整企业战略，应对不确定的外部环境。

成本领先战略，顾名思义就是企业要坚决地建立起高效并具规模的生产设施，在以往运营经验的基础上全力以赴地在所有方面降低成本，做好成本与管理费用的控制，并尽最大可能降低研究开发、服务、推销、广告等方面的成本费用，以低成本来制定有竞争力的商品价格，从而确立自身的竞争优势，牢固占领市场。

差异化战略则是要打造本企业的独特优势，使企业提供的产品或服务与同行业其他企业有所差别，树立起一些在全产业范围中具有独特性的东西，以博得消费者青睐。实现差异化战略可以有许多途径：名牌形象、独门秘技、特别的性能、独特的服务、商业网络及其他方面的独特性。差异化战略的实施可以帮助企业提升消费者满意度，建立客户忠诚，并且获取更高利润。

集聚化战略则是将企业经营聚焦于某一专门领域或服务于某个特定的消费者群，真正做到专注、极致。它能使企业更好地利用长期形成的专业优势，集聚各方面力量，长期深耕某一个领域或某项产品，做到既专又精，在专、精、特、新四方面下大功夫，在特定领域做到头部企业，以此确立自己的竞争优势和行业地位。

《竞争优势》一书的重要贡献，则是提出了价值链分析法，即从企业内部经营流程的价值增值过程中寻求竞争优势的来源。这一理论现在已经被企业家们广泛接受和运用。用此理论来看，企业在生产一种产品或提供一项服务时，要从价值增长角度来进行考虑，在全生产链条上注重每一个环节的价值创造和增值，最终实现总体价值的明显增长，以此形成和提升自己的竞争优势。而《国家竞争优势》一书则阐述了波特独创的"钻石模型"。这种理解国家或地区在全球竞争态势中的全新方法，现在已经成为国际商业运行中非常有效的一种工具。波特认为，一国所具备的贸易优势，并不像传统国际贸易理论宣称的那样，简单取决于该国的自然资源、劳动力、利率、汇率，而是在相当程度上取决于一国的产业创新和升级的能力。由于当代的国际竞争更多地依赖于知识创新能力，竞争优势的形成和发展已经日益超出单个行业或企业的范围，而成为一个经济体内部各种因素综合作用的结果，一国的价值观、文化、经济结构和历史都会成为竞争优势的来源。该书从更宏观的角度，从国家层面阐述了一个国家在经济上如何形成自己独特的竞争优势。波特所提出极具开创性的产业集群的观点（相互联系的企业、供应商、相关产业和特定地区的组织所组成的群体），已经成为企业甚至政府机构考虑经济状况、评估各地区竞争优势以及制定公共政策的一种新方式。

蓝海战略理论

蓝海战略现在已经成为企业管理界所经常使用的一个高频词。蓝海战略（blue ocean strategy）这一概念，是由欧洲工商管理学院的 W. 钱·金（W. Chan Kim）和勒妮·莫博涅（Renee

W. 钱·金（左）
勒妮·莫博涅（右）

Mauborgne)两位教授共同提出的。他们在研究中观察到,许多企业为了寻求持久的获利性增长,往往与商业对手针锋相对,为赢得优势、为市场份额而激烈竞争,拼个你死我活。这些竞争通常都是在传统的产业和市场中发生的,而由于空间有限,竞争残酷,这个传统市场中可谓"血流成河",腥风血雨,所以,可称之为红海市场。而蓝海市场是和红海市场相对的概念,它的宗旨是通过重构企业产品和服务的价值元素,创造出全新类型的产品,提供具有新要素的服务,来重新引导消费者,开辟出新的市场,即蓝海市场。这一战略的经营目标不是基于传统零和博弈的思维,只想把竞争对手打倒,而是从企业能力和创新角度出发,重构买方的价值元素,从而开拓无竞争的新兴市场。

蓝海战略的重要意义在于,它不是紧盯住竞争对手,在相同产业甚至相同领域内"贴身肉搏",而是采用一套完全不同的战略逻辑,将企业特长、精力和资源放在全力为买方和企业自身创造价值飞跃上,并由此开创新的、无人竞争的市场空间,彻底甩脱原有的传统竞争。《孙子兵法·虚实篇》云:"进而不可御者,冲其虚也。"意思是说前进时,敌人无法抵御的就是冲向其防守薄弱之处。蓝海战略的理念也是如此,例如书中提到的"太阳马戏团",就是避开了和强手的正面竞争,没有在请明星艺人、知名驯兽师上与对手硬碰硬,而是完全改变了传统马戏的模式,大量运用声、光、化、电等现代科技,将各种惊险的技巧性表演与超出想象力的舞台舞美装置相结合,将马戏和富于艺术感染力的舞台剧相结合,甚至用故事情节将杂技和马戏表演串联起来,在现场高品质乐队的伴奏下,带给观众超乎寻常的娱乐享受,不仅吸引了传统的马戏爱好者,也赢得了那些经常光顾剧院的观众,使观众体验到视觉、听觉等全方位的刺激享受。这样,太阳马戏团就创造并提供了一种全新的艺术形式，将其他马戏团从形式和内容上远远甩在身后，极大超越了一般意义上的竞争，享受了独有的高额利润。

实施"蓝海战略"的具体方法是：

- 努力开创没有竞争的"新市场"，这就需要企业领导者不仅具备创新意识，而且高度重视从创新角度去实施企业经营战略，并将其落到实处；
- 不与对手正面交锋，避实就虚，使"竞争"超越一般意义；
- 为顾客创造出全新需求，并通过成本控制追求持续领先；
- 同时追求顾客所能获得的高价值与产品的低成本，提升顾客体验；
- 调整整个公司的运作系统，对战略给予全力的配合。

《蓝海战略》一书于2005年出版，10年之后，作者又于2015年出版了《蓝海战略》（扩展版）。在扩展版中，作者增加了"战略协调"和"战略更新"两章。在"战略协调"这一章中，作者希望回答一个企业如何应对所必须面对的挑战，即企业组织该如何协调整体的活动系统，包括诸多潜在的外部合作伙伴的活动。作者为此提出了"价值主张""利润主张""人员主张"这三个重要因素，并讨论这三个关键要素之间如何相互协调以支持蓝海战略所需要的战略转变。而在"战略更新"这一章中，作者用发展视角来分析，随着时间的推移，企业组织应如何来更新其蓝海战略。因为任何蓝海战略都只是相对的、暂时的，最终都将会被模仿，辉煌稍纵即逝，海水终将变红。在这一章中，作者讨论了企业领导者如何在具体业务层面，以及多元化企业如何在相对宏观的层面，将开创蓝海从静态的成就变为动态的更新过程，同时也强调了红海战略和蓝海战略在管理企业当前利润及打造未来的增长和品牌价值方面的互补作用。

蓝海战略理论的核心思想就是要将战略重心从竞争转到创新上，从在传统领域中"死磕"转到开创新的市场空间上，从而彻底摆脱竞争。正如作者自己所说："我们注意到，那些成功摆脱竞争的企业，从不把注意力放在比拼或打败竞争对手，或是占据有利竞争地位上。它们的目标不是胜过竞争对手，而是实现价值的巨大飞跃，令竞争变得无关紧要。关注价值创新，而不是相对于竞争对手的定位，令企业挑战产业惯常的竞争元素，而不会因为竞争对手在做什么，就以为那一定构成买方价值。"⊖

长尾理论

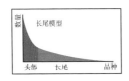

克里斯·安德森提出："如果商品或服务能被提供，其展示的场域足够宽广，流通的渠道也足够多，而且销售的成本又很低，那么总会有人因需要而愿意购买。"

长尾理论是网络时代兴起的一种管理理论，它对于企业经营中实施怎样的竞争战略具有指导意义，而且在管理学理论方面也具有创新意义。

长尾理论，是指如果商品或服务能被提供，其展示的场域足够宽广，流通的渠道也足够多，

⊖ 金，莫博涅. 蓝海战略：超越产业竞争，开创全新市场：扩展版 [M]. 吉宓，译. 北京：商务印书馆，2016：5.

而且销售的成本又很低，那么总会有人因需要而愿意购买。中国有句俗话"百货中百客"，就是指消费者需求充满多样性，而且有很强的个性化，只要你能提供商品，就不怕没人要。在广大的市场中，只要了解商品的人够多，就会有一定量的消费者购买，但是前提是消费者要有渠道了解到这种商品的相关信息，而厂家或商家又能有渠道来进行推广和宣传。在传统市场中，这种渠道建立和推广的成本很高，所以企业和消费者处于信息不对称的局面。而如今互联网技术恰好提供了这样一种极为便捷、低成本的技术和传播渠道，在商品的提供者和需求者之间搭起了一道前所未有的桥梁，这就使得一些看起来比较小众的商品和服务，同样能够借助互联网渠道获得消费者的青睐，从而形成较大的购买量。例如，一家大型书店通常可摆放 10 万本书，但亚马逊网络书店的图书销售额中，有 1/4 来自排名 10 万名以后通常会被忽视的书籍。而且，这些"冷门"书籍的销售比例正在高速增长，预估未来可占整体书市的一半。

在管理学中有一个众所周知的"二八法则"，其含义是企业 80% 的利润，是由 20% 的重要客户所创造的。"二八法则"告诉企业经营者，应该把主要资源和精力用在那 20% 的重要客户身上，因为他们提供了 80% 的销售额以及利润，这在传统

> 二八法则：企业 80% 的利润，是由 20% 的重要客户所创造的

市场和传统的营销理论中有其一定道理。但长尾理论颠覆了"二八法则",它告诉企业经营者同样不能忽视那些"尾部"消费者,如果企业能够重视并且吸引这些消费者,向其进行有效营销,同样能为企业创造非常高的销售额,并给企业带来利润。这一理论重新定义了企业经营战略,为企业经营指出了新的战略方向。

长尾理论的提出者克里斯·安德森(Chris Anderson)曾经担任美国《连线》杂志的总编辑。在2005年他提出长尾理论后,2006年该书的中文版出版,由此这一理论被中国管理学界所熟知。用安德森自己在书中的一句话可以概括长尾理论的基本定义:"最大的财富孕育自最小的销售。"在互联网时代,消费者所处的区域变得异常分散,而且年轻人已成为主力消费群体,由于其观念具有多样性,消费偏好也五花八门,这就使得游离于主流消费之外的"长尾"越来越长且越来越粗,成为新的很重要的利润增长点。长尾理论的提出,改变了企业生产和营销的观念,从只重视大众市场改为不忽视小众即个性化需求,从只重视大客户转为不忽视小客户的订单,互联网带来的红利使营销和传播的成本可以降到极低,但到达率极高,这就使企业可以积少成多,有效且低成本地搜寻和发现潜在与现实消费者,实施有针对性的营销,并创造利润。⊖

如何有效实践长尾理论?安德森提供了三大秘诀:提供所有产品,使客户的选择面更加广泛;切实降低价格;帮助客户找到合适的产品,有可能的话,为有需要的客户提供大规模定制,这样就使客户不必屈就于可能并不合适的大众化产品。

和所有理论一样,长尾理论也受到了质疑。哈佛商学院市场营销

⊖ 安德森. 长尾理论[M]. 乔江涛,译. 北京:中信出版社,2006.

学教授安妮塔·埃尔伯斯（Anita Elberse）通过实证研究，对娱乐和文化产业数据进行分析后指出，热门产品市场的重要性并没被小众产品所削弱，而且由于互联网传播的广泛性，热门产品可能更多、更广泛、更迅速地被更多人所关注，所购买。因此，长尾理论的解释力极为有限，甚至有可能是错误的。

埃尔伯斯教授的观点有强有力的数据支撑，所以似乎很难指出它的谬误。但无论如何，长尾理论让人耳目一新，对管理学界熟知的理论有一种全新的冲击，并且更加符合互联网时代个性化需求的特点，因此受到追捧。美国谷歌公司相当一部分的广告利润来自小企业。中国的互联网旅游企业驴妈妈，也利用互联网技术将广大的旅游散户集合起来，形成了庞大的消费群体，并以此获得了强大的谈判优势，接下来，该企业利用散户集聚的数量和优势，和景点、酒店、餐饮企业、运输公司等协商优惠价格，从中获取了可观利润，这都印证了长尾理论的价值。

理论评价与管理启示

在企业管理中，战略管理理论的重要意义不言而喻。企业为了适应外界环境的变化，必须根据自身拥有的资源和能力，对目前从事的经营活动和将要进行的经营活动做出决策。任何一个企业，如果没有正确的战略指引去"做正确的事"，那么无论怎么努力，也很难获得良好的经营效果。而竞争战略理论、蓝海战略理论、长尾理论等多种战略理论，都是从战略高度给出了企业制定战略的方向，对于企业如何适应形势、制定正确的经营战略有着非常重要的指导作用。

需要指出的是，企业制定战略，一定不能生搬硬套某一个理论，因为最终的战略可能是在多方面理论综合指导下制定出来的。同样，企业制定战略也不能照搬同行业某个企业的模板，因为没有两个企业面临的内外部环境是一模一样的，每个企业的各方面情况都不尽相同，所以一定要根据自身实际情况做出决策，而且要根据内外部形势的变化及时做出调整。

CHAPTER 22
第二十二章

企业文化理论

20世纪70年代，世界经济形势发生了巨变。第二次世界大战之后经济增长近乎停滞的日本，到了60年代后期和70年代，其经济实力居然接连超过英、法、德，一跃成为仅次于美国的世界第二大经济强国。1968年，日本国民生产总值（GNP）跃居世界第二位。1971年，美国出现了自1888年以来外贸第一次逆差，标志着美国霸主地位在外贸方面的相对衰落。1988年，日本人均GNP超过美国，美国丧失了西方世界人均GNP世界第一的地位。西方世界的格局由美国独霸演变为美欧日三足鼎立。㊀

这一现象在当时引起了很大震动。以美国为首的西方大国对日本崛起现象百思不得其解，尤其是作为世界经济霸主的美国，更是对此

㊀ 郜振庭.日本战胜美国：日本是怎样占领美国市场的[M].北京：物资出版社，1997.

莫名所以。作为第二次世界大战战败国，又是一个东方岛屿小国的日本，到底有什么法宝能对美国世界经济霸主的地位构成威胁和挑战？

于是，当时美国各学科的学者都对日本产生了兴趣，纷纷从不同的角度开始研究，并陆续出版了一批研究成果。其中，被称为"企业文化四重奏"的四本书的问世，标志着企业文化理论的正式诞生。

企业文化四重奏

企业文化理论，是当时西方管理学家对日本经济高速起飞现象，尤其是对日本企业管理模式进行深入研究之后所提出的。众多管理学者通过对日本以及其他国家一些优秀企业的管理研究发现，在企业经营管理中除了人们通常重视的经济因素、技术因素之外，还有一个非常重要的因素，那就是文化因素。企业文化是一个企业在长期生产经营过程中，所创造和形成的具有本企业特色的精神观念，同时，企业把这种精神观念物化在企业经营管理的制度、行为、物质及企业形象等各个层面中。企业文化是企业所处的社会文化与该企业管理实践相融合的产物，是管理学理论在经历了"经济人""社会人""自我实现人""复杂人"等假设之后，对企业管理本质、管理理念、管理行为、管理过程与企业长期绩效的关系的又一次审视。

1.《Z理论：美国企业界如何迎接日本的挑战》

1981年，美国加利福尼亚大学的日裔美籍教授威廉·大内（William Ouchi，又译为乌契）出版了《Z理论：美国企业界如何迎接日本的挑战》一书，据作者自述，"此书讲述的是如何把对于日本企业管理的理解运用到美国环境的实践性"。㊀此书被认为是威廉·大内第一本涉及企业文化相关概念的著作。在该书中，大内教授把典型的美国组织管理模式称为 A 型组织，把日本式的管理模式称为 J 型组织，而把一些兼具二者特点的称为 Z 型组织（如 IBM 公司）。而且大内教授自己也说，之所以称为"Z 型"，是因为"参照了道格拉斯·麦格雷戈早先加以区别的'X 理论''Y 理论'的管理方法，而我的观点是与他有关联的"㊁。

在该书中，大内教授对 A 型组织和 J 型组织这两种不同的管理模式进行了仔细比较后指出，"每种文化都赋予其人民以互不相同的特殊环境，因此虽然同样的行为原理对于不同的文化是适用的，但由于当地情况的差别而形成的社会结构和行为模式可能使其具有很大区别"㊂。正因为如此，该书指出，要在企业中建立增加信任、微妙性和亲密性的管理模式。如果缺少这三点，没有哪一个社会的人能够获得成功。大内教授在本书中重点研究了日本企业的决策过程、集体价值观和人们的整体关系，并提出要建立达到高度一致性文化的 Z 型组织。

> 《Z 理论》是威廉·大内第一本涉及企业文化相关概念的著作

㊀ 大内.Z 理论：美国企业界如何迎接日本的挑战 [M]. 孙耀君，王祖融，译. 北京：中国社会科学出版社，1984：3.
㊁ 同㊀：58.
㊂ 同㊀：11.

在《Z理论》一书中，大内教授明确提出企业文化的概念，他指出："一个企业的文化由其传统和风气所构成，此外文化还包含一个企业的价值观，如进取性、守势、灵活性，即确定活动、意见和行动模式的价值观。经理们从雇员们的事例中提炼出这种模式，并把它传达给后代的雇员。"⊖这样就明确了企业文化这样一种管理形式的存在及其实质性的内涵。

2.《日本企业管理艺术》

> 在《日本企业管理艺术》中，安东尼·阿索斯和理查德·帕斯卡尔根据"麦肯锡7S框架"分析了当时日本在经济上赶上甚至超过美国的原因

在《Z理论》一书出版的第二年，哈佛大学的安东尼·阿索斯（Anthony G. Athos）教授和斯坦福大学的理查德·帕斯卡尔（Richard Pascale）合写的《日本企业管理艺术》（*The Art of Japanese Management*）出版。在这本书中，作者为了探究当时日本在经济上赶上甚至超过美国的原因，根据此前麦肯锡咨询公司通过研究所得出的"麦肯锡7S框架"，即管理中7个以"S"开头的核心要素——战略（strategy）、结构（structure）、系统（system）、人员（staff）、技能（skill）、作风（style）、共同价值观（shared values）进行了详细分析，认为这7个"S"可以一分为二：前3个"S"，即战

⊖ 大内.Z理论：美国企业界如何迎接日本的挑战[M].孙耀君，王祖融，译.北京：中国社会科学出版社，1984：169.

略、结构、系统是管理中的"硬件";后4个"S",即人员、技能、作风、共同价值观是管理中的"软件"。相比较而言,美国企业家较为重视管理中的前3个硬件的"S",日本企业家虽然也对前3个"S"给予重视,但他们更加重视后4个软件的"S"。该书作者认为,正是这后4个软件的"S"使得日本企业获得巨大成功,并创造了一种全新的管理模式,更加综合、全面地涵盖了企业管理的各项要素,也更加适合企业的发展。

3.《企业文化:企业生活中的礼仪与仪式》

20世纪80年代初,企业文化的经典之作登场了。此时,美国哈佛大学教育研究院的教授特伦斯·迪尔(Terrence Deal)和著名的麦肯锡咨询公司的专家艾伦·肯尼迪(Allan Kennedy),在长期的企业管理研究中已经积累了丰富的资料,并对管理中的文化问题可以说深有体会,二位作者在日本企业文化的启发下,调查了近百家美国企业的实际情况,出版了《企业文化:企业生活中的礼仪与仪式》一书。此书的问世可谓宣告了企业文化理论的正式诞生,并确立了它的理论体系。诚如作者自己所言:"与其他先驱者一样,我们大胆地提出了一种想法,它存在于商业的理性与技术外表之下,我们把这股虚幻的力量称为'企

《企业文化》由特伦斯·迪尔和艾伦·肯尼迪合著,标志着企业文化理论的正式诞生

文化'。"㊀这本书随后被评为 20 世纪 80 年代最有影响力的 10 本管理学专著之一，成为公认的企业文化经典之作。

两位作者通过他们所进行的系统探究，并运用大量的例证指出，那些成功的杰出企业大都有着强有力的企业文化，即有着明确的经营哲学、企业全体员工共有的价值观念、为全体员工共同遵守但往往并不见诸书面文字的行为规范，还有各种用来宣传强化这些价值观念的仪式和习俗。正是企业文化这一企业经营中非技术、非经济的因素，最终使得这些企业成功。他们用很多具体事例表明，企业文化影响着企业中的每一件事，大到企业决策、人事任命，小至员工们的行为举止、办事作风等。在其他各方面条件相差无几的两个企业中，企业文化的优劣对企业发展所产生的影响完全不同，而且会导致不同的结果。

这两位作者在 1982 年出版了上述企业文化理论的奠基之作后，于 2015 年出版了《新企业文化：重获工作场所的活力》，在该书中他们写道："1995 年，《财富》(*Fortune*) 杂志报告了它所进行的企业声誉调查的结果，这份报告进一步证实了我们早在 1982 年就已得出的结论：人们越来越认识到，企业并不仅仅是靠那些财务数字而生存的。那些在调查中名列前茅的企业都具有一个共同之处——有着充满活力的企业文化。在一个凝聚力很强的企业中，生机盎然的企业文化，能为一个深刻而持久的共同目标做出贡献。"㊁

在 2015 年出版的书中，两位作者在以前 5 项要素的基础上，将

㊀ 迪尔，肯尼迪. 新企业文化 [M]. 李原，孙健敏，黄小勇，译. 北京：中国人民大学出版社，2015：1.

㊁ 同㊀：3.

企业文化的要素表述为6大方面。

- 历史：企业植根的动力。
- 价值信念：文化的基石。
- 礼仪与庆典：文化在传递。
- 故事：文化的口述史。
- 英雄人物：特殊的象征作用。
- 文化网络：传递信息的最有效渠道。

> 特伦斯·迪尔和艾伦·肯尼迪将企业文化的要素表述为6大方面：历史、价值信念、礼仪与庆典、故事、英雄人物、文化网络

和他们的上一本书一样，作者根据两个因素——与企业关键活动相关的风险程度，以及在企业的决策或战略是否成功方面，企业及其员工获得反馈的速度——将企业文化划分为4种类型。

（1）硬汉型文化。这是一个个人英雄主义者的世界，他们通常承担高风险，并能迅速地获得自己的行动是否正确的反馈信息。典型的例子如建筑企业、管理咨询企业、出版企业、投资银行、娱乐企业等。

（2）努力工作/尽情玩型文化。这是销售人员的世界。员工个体几乎不承担什么风险，但是他们能迅速地获得关于自己是否取得成功的反馈。绝大多数销售取向的企业都处于这种文化范畴，包括电脑公司、办公设备供应商、汽车零售商和股票经纪人等。

> 两位作者将企业文化划分为4种类型：硬汉型文化、努力工作/尽情玩型文化、赌注型文化、过程型文化

（3）赌注型文化。这类企业会制定高风险的

决策，而且需要花费数年才能了解这一决策是否正确，典型的例子包括资本投资公司、采矿和冶金公司、大集团企业，以及服务型企业，这类企业常常是拿整个企业的未来去做赌注。

（4）过程型文化。这是一个很少能获得反馈的世界。因此这类企业的员工更关注如何完成工作，使工作过程完美。典型的例子如银行、保险公司、金融服务组织、绝大多数零售商、大型政府部门、公共服务机构，以及处于严格监管行业中的医药公司等。

4.《寻求优势：美国最成功公司的经验》

《寻求优势：美国最成功公司的经验》一书的作者，是两位企业问题研究专家：托马斯·J. 彼得斯（Thomas J. Peters）和罗伯特·H. 沃特曼（Robert H. Waterman）。他们在长期的研究工作中，一直反复思考一个问题：为什么第二次世界大战以后日本的企业管理成功非凡，而在管理学理论发源地的美国，企业管理却似乎风头不再。此外，同样是美国的公司，为什么这一家出类拔萃，而另一家却碌碌无为。为此，他们两人自1977年起做了大量研究，并在1980年7月的《商业周刊》上发表了最初的研究成果，获得了巨大反响，此后他们对这一研究报告加以修改和充实，1982年将其作为图书出版，此书出版以后立即成为美国畅销书之一。

在该书中，作者通过对62家企业的研究，概括了美国优秀公司的8个特点：行动迅速，决策果断；接近顾客，以优秀产品或服务赢得优势；鼓励创新，容忍失败；重视人才，以人促产；价值驱动，目标集聚；扬长避短，有限多元；减少层次，结构简单；宽严相济，软硬结合。

纵观"企业文化四重奏",可以发现它们形成了一个有趣的逻辑闭环。这4本书的作者都是美国学者,他们不约而同地有感于20世纪70年代日本经济和企业的崛起,第一步,提出问题:美国企业如何迎接来自日本的挑战;第二步,分析问题:具体研究日本的企业管理艺术;第三步,明确观点:提出企业文化理论是企业制胜的法宝;第四步,回头看:美国的优秀企业同样也能总结出很多契合企业文化理论的做法,只是缺乏企业文化的视角,因此需要更加重视企业文化理论提炼和企业文化建设实践。

沙因的组织文化理论

谈到企业文化或组织文化,有一个绕不开的学者,那就是埃德加·H.沙因(Edgar H. Schein)。

有人将沙因称为"企业文化理论之父"⊖。因为他很早就提出了企业文化(其实是"组织文化")这一概念。

沙因教授1928年出生于瑞士苏黎世,从小跟随父母辗转多国,10岁时来到美国。沙因1947年毕业于芝加哥大学教育系,1949年在斯坦福大学

埃德加·H.沙因
美国麻省理工学院斯隆管理学院教授,被誉为"企业文化理论之父"

⊖ 沙因.企业文化生存与变革指南[M].马红宇,唐汉瑛,译.杭州:浙江人民出版社,2017:3.

获得社会心理学硕士学位，1952 年在哈佛大学取得博士学位，毕业后被分配到一个陆军研究所服役。自 1956 年起，他一直在美国麻省理工学院斯隆管理学院任教，开始了自己长达 50 多年的学术生涯。

沙因教授在 1965 年撰写了第一本组织心理学著作《组织心理学》。然后他在总结管理咨询实践经验的基础上，形成了对企业文化这一概念的本质、结构和内容以及企业文化的形成、演化与变革机制的精辟见解与系统理论，出版了一系列组织文化领域的著作，对学术界及企业管理实践界产生了巨大影响。

沙因认为，文化是一个特定组织在处理外部适应和内部融合等各种问题中所学习到的，由组织自身发明和创造，并且在实践中发展起来的一些基本假设。这些基本假设在实践中能够发挥很好的作用，并被认为是行之有效的，由此被传承下去，被新的成员所接受和认同。管理制度和工作流程等不过是更加深层的文化的表象，而真正的文化则是隐含在组织成员中的潜意识。文化和领导者好比是同一硬币的两面，一个领导者在创造了一个组织或群体的同时也就创造了文化。

沙因给企业文化下了一个定义：企业文化是一个群体，是在解决企业外部适应和内部整合的问题过程中所习得的一系列共享生成假设的集合。企业文化在群体中运行良好、有效，因此被群体传授给他们的新成员，并作为其解决类似问题时，感知、思考和情感体验的正确方式。沙因在他的论文和一系列著作中，都提出了企业文化的三个层次，这也可以说是他在企业文化方面影响最大的一个理论。沙因认为，理解企业文化内涵的一种更好的方式，就是要充分意识到企业文化存在于不同的层次上，并且必须更好地理解和管理那些较深层次的文化内容。沙因认为，企业文化的层次逐渐由外在可视水平向内隐不可视水平过渡。

- 最外面的第一个层次是"人工饰物"（artifact），即可以观察到的管理制度和工作流程，包括人们讲到企业文化就容易想到的"企业中的做事方式""公司的礼仪或仪式""公司内部的工作氛围""奖酬体系"。
- 中间的第二个层次是"价值观念"（espoused values），沙因把它解释为"企业的发展战略目标和经营哲学"。
- 最核心的第三个层次是"深层假设"（underlying assumption），即深入人心的信念、知觉、思维和感觉，这是企业价值观念和行为表现的根源，例如对人性的判断、对事物的基本看法、对组织的本质性认识等。正是有了这样的深层假设，才会确立基本价值观念和其他理念。

> 企业文化存在于不同的层次：第一个层次是"人工饰物"，第二个层次是"价值观念"，第三个层次是"深层假设"

从今天来看，企业文化绝对不是企业经营中的奢侈品或点缀物，而是企业经营和发展过程中的必需品，这在企业家和学者中已经达成共识。而就企业文化给管理者的启示，沙因提出了三点。

第一，企业文化的深层性——如果视企业文化为一种表面现象，认为自己可以随意操纵或改变它，那么必定会失败。此外，文化对你的控制要多过你对文化的控制。

第二，企业文化的广泛性——群体在所处环境下学会生存的过程中，会从其内部和外部关系的各方面进行学习，就像个人所持有的基本信念和文化假设引导了其日常生活一样，包括怎样与老板打交道、怎样对待客户、个人在企业中如何通过努力实现职业生涯的发展、怎样才能获得成功，以及必须遵守哪些规则或规范等。

第三，企业文化的稳定性——群体成员愿意坚持他们文化中的生存假设，因为文化可以让他们的生活变得可预测和有意义，因此任何可能的文化变革都会引发巨大的焦虑和对变革的抵制。所以，沙因提醒每一个企业管理者，如果你试图改变自己所处文化中的一些元素，你必须清醒地认识到：自己正在与所在企业的一些最稳定的部分打交道，要深刻认识到这一工作的难度。

理论评价与管理启示

时至今日，企业文化的意义日益为广大企业管理者所认识，也成为企业管理研究的一个热点。正如有位中国著名企业家所言，企业竞争，说到底是文化的竞争。管理学者和企业家们从多个企业的管理实践中发现，企业之间的竞争除了比拼资金实力、科技实力之外，还有文化实力，而且企业的文化实力对企业长期影响更大。"总而言之，如果你近距离观察任何一家备受尊重的公司，肯定会发现它有一种与众不同的文化。《财富》杂志对那些拥有恒久声誉的商业机构进行了一次调查，得出这样的结论：'在调查中，能把那些顶级公司与其他公司区

分开来的一件事，就是它们所具有的充满活力的企业文化。'"○

虽然企业文化看不见，摸不着，事实上却在潜移默化中影响着一个企业所有的人和事。尤其是当企业达到一定规模之后，单靠制度难以有效管理所有员工，也很难约束员工行为，这时候企业文化就会起到无形的作用。当员工遇事难决时，如果企业有着明确且深入人心的企业文化，员工就能按照企业价值观和行为规范行事。正如彼得·德鲁克所言："每一个企业都有责任坚定不移地树立一个共同目标与统一的价值观，如果没有这种责任，企业将会成为一盘散沙，也就谈不上存在企业。企业必须拥有简明扼要、清晰明了而又独一无二的宗旨。组织的使命必须拥有很高的透明度和足够大的规模，以便能够提供一种共同的愿景，包含这种愿景的目标必须清楚、公开，而且要时常加以强调。管理者面临的首要任务在于思考、制定和说明这些宗旨价值观与目标。"○

按照哈佛大学商学院教授约翰·科特（John Kotter）和詹姆斯·赫斯克特（James Heskett）在《企业文化与经营业绩》一书中所做的实证研究所获结论，企业文化能对企业的长期经营业绩产生显著影响。未来相当长一个阶段，在决定公司的成败上，企业文化很可能是一项更为重要的因素。因此，企业文化塑造应当成为每一位企业主要领导者高度重视并亲自领导的工作，将其提到重要日程上来安排。

○ 迪尔，肯尼迪.新企业文化：重获工作场所的活力[M].李原，孙健敏，黄小勇，译.北京：中国人民大学出版社，2015：5.

○ 德鲁克.德鲁克管理思想精要[M].李维安，王世权，刘金岩，译.北京：机械工业出版社，2019：10.

CHAPTER 23
第二十三章

平衡计分卡理论

罗伯特·S.卡普兰
平衡计分卡理论的创始人之一,美国平衡计分卡协会主席

在当今的企业管理尤其是人力资源管理中,平衡计分卡(balanced scorecard)理论可谓影响巨大,不少企业尤其是科技型企业对员工的考核中,会使用平衡计分卡来全面衡量员工绩效。

平衡计分卡理论的创始人之一罗伯特·S.卡普兰(Robert S. Kaplan)先后获得麻省理工学院电子工程学士和硕士学位,以及康奈尔大学运营研究博士学位,后任哈佛大学教授多年。

平衡计分卡理论的另一位创始人戴维·P.诺顿(David P. Norton)先后获得佛罗里达科技大学运营研究学士学位、佛罗里达州立大学工商管理学硕士学位和哈佛大学管理学博士学位。他是平衡计分卡协会的创始人、主席兼首席执行官。

平衡计分卡理论的提出

1992年,卡普兰和诺顿在《平衡计分卡:良好绩效的评价体系》一文中,创新性地提出了一种全新的绩效评价体系——平衡计分卡。这一体系刚一问世便风靡企业界,企业争相将它运用在对员工的绩效考核中。不仅如此,很多企业还将平衡计分卡作为落实企业使命和战略的利器,将其运用在企业管理的全过程中。

戴维·P.诺顿
平衡计分卡理论的创始人之一,美国平衡计分卡协会的创始人、主席兼首席执行官,也是复兴全球战略集团的创始人之一

在以往的企业绩效考核中,最主要的一项就是财务指标,其余都属于附属要素。这固然有一定道理,因为财务指标关系着企业生存和发展命脉,另外很重要的一点就是,财务指标可考核、可计量,能直观地反映出某一个人或某一个部门绩效的高低。但是,只注重财务指标的考核方法也有一个缺陷,那就是除了销售部门等业绩可量化的部门之外,其余部门的考核就成为一个问题,因为它们所承担的工作往往不可量化,很难用财务指标甚至很难用数字来衡量。尤其是当进入20世纪90年代之后,随着科技、研发等要素在企业竞争中的地位日显重要,知识资本所创造的价值

在企业总体价值增长中的作用明显增加，企业市值的75%以上源于传统财务指标无法衡量的无形资产，如何考核和衡量知识创造者的工作业绩，并将其和企业总体战略发展挂钩，成为企业人力资源工作乃至总体管理工作的一个重要问题。而且，企业发展中的长期主义也日益获得企业家的认可，所以，企业绩效考核的重点也从短期的营收、利润等指标的考核，转向和企业发展战略相呼应的长期指标的考核，在此情况下，卡普兰和诺顿二人在始于1990年的一个为期一年的跨国公司研究项目之后认识到："管理者和员工关注他们曾经衡量的事情，但无法管理好他们不打算衡量的事情，因此管理者的注意力和努力过度集中在短期财务指标的影响上，并未充分关注造就未来财务成功的无形资产投资和管理，如果没有发达的业绩衡量系统，管理者就不能有效地开发和调动他们的无形资产，因而也将丧失重要的价值创造机会。"[一]

平衡计分卡理论的完善

平衡计分卡理论自提出以来，被两位学者不断提升、完善。他们在1996年出版了第一本著作《平衡计分卡：化战略为行动》，系统地提出了平衡计分卡理论的核心要点，那就是将以往看起来比较宏大、与员工日常工作相距较远的企业战略，细化为一个包括财务、客户、内部业务流程、学习与成长四个方面的具体指标体系，用来进行绩效评价。然后他们在2000年出版了《战略中心型组织：如何利用平衡计

[一] 卡普兰，诺顿.战略地图：化无形资产为有形成果[M].刘俊勇，孙薇，译.广州：广东经济出版社，2005.

分卡使企业在新的商业环境中保持繁荣》一书，具体阐述了如何将平衡计分卡考核更好地与企业战略相结合，为企业战略落地服务。接着，两位学者又在 2003 年出版了《战略地图：化无形资产为有形成果》一书，用平衡计分卡四个层面目标间的因果关系来直观地描述战略，并将其全方位地展示出来。平衡计分卡战略地图提供了一个重要框架，用来说明企业战略是如何联结无形资产与价值创造流程的（见图 23-1）。

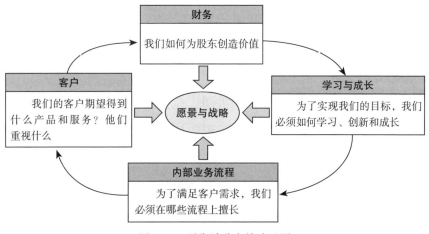

图 23-1　平衡计分卡战略地图

- 财务层面以传统的财务术语描述了战略的有形成果，投资回报率（ROI）、股东价值、营利性、收入增长和单位成本等衡量指标是滞后指标，它们显示了企业的战略成功与否。
- 客户层面能清晰界定目标客户的价值主张，而价值主张为无形资产创造价值提供了环境。
- 内部业务流程层面则从企业运行角度确定了少数几个关键流程，这些关键流程被认为对战略产生最大的影响。
- 学习与成长层面确定了对战略最重要的无形资产，因为战略是靠人执行的。这个层面的目标有助于确定需要利用哪些工作（人力资本）、哪些系统（信息资本）和哪种氛围（组织资本）来支持创造价值的内部流程。

这些资产必须被紧密地结合在一起，并与关键内部流程保持协调一致。

四个层面的目标通过因果关系层层相扣。从顶部开始的基本假设是：只有目标客户满意了，财务成果才能实现，客户价值主张描述了如何创造来自于目标客户的销售额和忠诚度，内部业务流程则能创造并传递客户价值主张，然后支持内部流程的诸多无形资产，为战略提供了基础。连接四个层面的因果框架，也是开发战略地图所依赖的结构。这四个层面的目标协调一致是价值创造的关键，也是一个重点突出、内部一致的战略的关键。㊀

为了将平衡计分卡这一管理工具的作用更好地发挥，帮助企业更有效地运用，卡普兰和诺顿两位学者随后在2006年、2008年又接连出版了《组织协同：运用平衡计分卡创造企业合力》和《平衡计分卡战略实践》两本著作。前者论述了如何运用平衡计分卡以及战略地图来更好地凝聚每一个员工，使他们服务于企业总体战略，发挥协同作用，创造企业合力。而《平衡计分卡战略实践》则论述了企业如何在战略和日常运营之间建立起有效连接，并将战略落实到每一个岗位的日常工作之中。

㊀ 卡普兰, 诺顿. 战略地图：化无形资产为有形成果[M]. 刘俊勇, 孙薇, 译. 广州：广东经济出版社, 2005：27.

理论评价与管理启示

为什么平衡计分卡理论及其评价体系,会在众多的企业战略实践以及人力资源管理理论中脱颖而出,产生巨大影响?

第一,平衡计分卡是 20 世纪 90 年代以来各种管理理论的综合,它不仅是一个人力资源方面的绩效评价系统,而且是一个战略管理的工具。在以往的企业战略管理中,往往是将注意力集中于企业高层管理者,甚至集中于企业主要领导人,认为企业战略就是企业决策者的事情,只有他们才能决定企业战略方向并且推进其实施,而企业员工是与此无关的。而在员工自身认知方面,同样认为个人只需干好自己的本职工作,至于自己的工作和企业总体战略的关系,对于企业发展战略的贡献、意义则不清楚,因而是缺乏全局观念的。而平衡计分卡理论和评估体系的建立,使员工增强了使命感,更清晰地了解本职工作和企业发展之间的关系,通过具体的考评体系将每一个员工的工作和企业总体发展战略紧密联系起来,并且通过平衡计分卡体系层层落实。

第二,平衡计分卡的框架有其紧密的因果联系。平衡计分卡的考核目标和指标体系的根本是来源于企业的使命、价值观、愿景和战略。企业使命反映了组织存在的理由或"合法性",即企业为什么要存在,企业能为人类社会进步做出什么样的贡献、创造何种价值。企业使命还能够激励员工的工作热情。价值观是指导员工行为的根本导向,反映出企业的信仰和主张,是企业文化中关于善恶、取舍、应该还是不应该做的根本观念。愿景是人们对组织未来的期望,组织的预期目标。而战略是企业实现使命、价值观、愿景的具体途径。平衡计分卡的四个层面：财务、客户、内部业务流程、学习与成长，以及这四个层面下面的亚指标，将战略层层分解，使战略及其背后的使命、价值观、愿景成为每个员工看得见、摸得着的具象指标，而且这四个层面之间有着紧密的因果联系。

- 财务层面是企业长短期对立力量的战略平衡，体现了公司能为社会、为股东创造什么样的价值。
- 要创造这种价值，就必须为客户提供更好的产品和服务，为目标客户创造差异化、可持续的价值。
- 要创造这种不寻常的价值，则要优化企业内部业务流程，一旦企业对财务、客户定位有了清晰的蓝图，那么内部业务流程是否高效就成为目标能否实现的关键。
- 要使企业的内部业务流程持续改进，并始终保持效率的提升，员工、团队乃至整个组织的学习与成长就绝对不可或缺。

第三，平衡计分卡的可考核、可量化使其成为有效的管理工具。虽然不少管理者对使命、价值观、战略等要素的重要性都有所认识，但长期以来困扰他们的一个问题就是如何将其落到企业日常管理的实处，落到每一个员工的职责所在。而平衡计分卡较好地解决了这个问题。"典型的战略地图的四个层面形成了 20～30 个相互关联的平衡计分卡指标，如果平衡计分卡被看作 25 个独立的指标，那么对企业和员工来讲它确实太复杂以至于无法被消化吸收。但是这样认识平衡计分卡是错误的。战略地图显示了结构适当的平衡计分卡中的多个指标如何为单个战略提供使用工具。公司能在一个有二三十个指标的集成系统中制定战略并进行沟通，这些指标确定了关键变量之间的因果关系。"㊀这些指标构成了一个体系，使得无论企业中什么性质的岗位，都可以从这个体系中找到对应的指标，并将其运用于衡量自身的工作，而人力资源和企业其他有关部门也可以运用这一工具来进行有效的管理。

㊀ 卡普兰，诺顿.战略地图：化无形资产为有形成果[M].刘俊勇，孙薇，译.广州：广东经济出版社，2005：43.

CHAPTER 24
第二十四章

学习型组织理论

　　学习型组织这个概念似乎很通俗易懂，也一度被中国企业界热捧，但在热过一阵后，不少企业管理者发现，他们并不能直接从这个理论概念中获得有形的企业学习型组织的设计概念，至于究竟怎样才算建成了一个学习型组织更不清楚。还有不少企业只是把员工组织起来搞培训、发几本书，就宣称创建了学习型组织，这更是只学了一些皮毛。因此可以说，虽然学习型组织概念的引入在当时启迪了企业管理者的心智，让大家知道了系统思考的重要性，但在提升中国企业管理水平方面并无很大实际作用。这当然不能归咎于学习型组织理论本身，而是因为不少企业管理者还未能掌握该理论的真谛，更没有很好地将它运用于企业管理。

学习型组织的基本内涵

学习型组织以"系统动力学"为核心,而系统动力学则源于诺伯特·维纳(Norbert Wiener)博士创建的控制论(cybernetics)。系统动力学的创始人是杰伊·福里思特(Jay Forrester)教授,在他的指导下,他的学生彼得·圣吉博士以10年时间研究和创建了学习型组织这一概念,此后并一直致力于宣扬"学习型组织"的理论,并将其付诸企业管理实践。圣吉认为,"第五项修炼"的原理和技术,可以提供这样一条途径的初始架构,它根植于不断省思我们心灵深处的真正愿望,强调尊重个人愿景,并建立共同愿景;它根植于我们本有的创造性群体交谈能力,而使集体远比个体更有智慧;它根植于我们对人类系统概念化和建立共同了解的能力上;它根植于重视整体互动而非局部分析的思考方式;它是一条在本质上与西方工业发展完全不同的途径。○

圣吉在《第五项修炼:学习型组织的艺术与实务》一书中提出建立学习型组织必须进行的"五项修炼":实现自我超越、改善心智模式、建立共同愿景、加强团队学习、进行系统思考。

彼得·圣吉
斯隆管理学院资深教授,国际组织学习协会创始人、主席。致力于宣扬学习型组织理论

○ 圣吉.第五项修炼:学习型组织的艺术与实务[M].郭进隆,译.上海:上海三联书店,1998.

1. 实现自我超越

彼得·圣吉提出建立学习型组织必须进行的"五项修炼"

人最难超越的就是自己，而组织对此难辞其咎。企业员工多半都很聪明，受过良好教育且充满活力，非常想获得发展，从而不断上进。但是经过一个时期之后，组织中通常只有少数人能够平步青云，因此多数人都失去了开始时所具有的使命感、兴奋感和上进心，要么选择离开，要么选择在公司里面混日子。一个组织是否给员工提供发展平台，帮助员工不断成就自我，是衡量一个组织是否卓越的标准。因此"自我超越"的修炼，是要通过个人和组织持续不断的学习，理清每个人内心深处的真正愿望，并创造环境让其不断实现。在自我超越的修炼中，重要的是个人学习与组织学习之间的关系、个人与组织之间的相互承诺、"心理契约"的建立，以及由一群"学习者"形成的企业精神及其氛围。

2. 改善心智模式

"五项修炼"：实现自我超越，改善心智模式，建立共同愿景，加强团队学习，进行系统思考

所谓"心智模式"其实就是思维定式，是我们每一个人因所处的家庭、社会、教育背景等因素的不同，根深蒂固地存在于各自的心中，影响我们认识世界并采取行动的各种假设、看法、印象等。对我们每个人而言，"不识庐山真面目，只缘身在此山中"，通常我们感觉不到自己存在某种

思维定式或是心智模式，也感受不到它对我们的行为的影响。而且，我们常常坚信自己的看法是对的，至少是有道理的。这种心智模式影响到我们每一个人的行为决策和行动方式。而对企业领导者而言，这就会影响到他所带领企业的经营决策及其一系列经营行为。而且，企业领导人因其所处高位，不易听到反对意见，所以往往自我感觉良好，更加坚信自己所做的一切都是正确的。对此，圣吉提出"要把镜子转向自己"，这是心智模式修炼的起步，用中国传统文化的名言来说就是"静坐常思己过"，经常检讨自己的思想和行为，并且以开放的心灵容纳别人的想法，知错能改，不断朝着正确方向前进。

3. 建立共同愿景

企业是由人组成的，而管理最难的是管人。来自五湖四海的员工，背景各异，想法不同，那就需要有一个能够凝聚人心并且坚持不懈去实现的共同愿景，要有为大家所认同的目标、使命和价值观，使组织中的每一个成员都清晰地认识到去往什么方向，通过什么途径去努力，最终能达到什么目标。圣吉认为，许多领导者从未尝试将个人的愿景转化为能够鼓舞组织的共同愿景，也不愿意在这方面投入，所以很难做到让企业员工心往一处想、劲往一处使。组织所缺少的就是将个人的愿景整合为共同愿景的修炼，而这是创建学习型组织必不可少的重要环节。

4. 加强团队学习

团队学习紧扣学习型组织的本意。有些企业中的员工都是经过精挑细选后录用的，学历、智商都很高，但汇聚到一个组织之后，有时反而会做出一些愚蠢的事情，其行为往往不符合企业要求，也难以和睦相处。而现代企业运营中，团队的作用极为重要，互联网时代单凭个人单打独斗无法真正体现出个人价值和企业价值，这就是团队学习的意义所在。团队学习的修炼可以使团队的智慧高于个人智慧，更为重要的是，当一个团队真正能够不断学习时，不仅团队表现出色，而且团队中的个人也能获得高速成长。

团队学习的修炼，要从"深度会谈"做起。团队要有较强的凝聚力，成员之间必须要有顺畅且坦诚的沟通。而这就需要每个团队成员都能袒露心扉，开诚布公地说出心里的想法，无障碍沟通并真正一起思考，然后共同寻求解决问题的方法，这样才能提升团队能力和每个成员的能力。

5. 进行系统思考

这是学习型组织中最重要的修炼，从《第五项修炼》这一书名就可见作者对此的重视。圣吉所提出的系统思考要义，可以用中国的一句古语来形容：不能只见树木不见森林。企业和人类的所有行动，其中都有某种相关性，彼此会有影响，这种影响往往并不显而易见，也不是短期就会显示出来的。因此处于具体事务中的人们，往往就会见木不见林。尤其是在一个企业中，由于每一个人都身处某一个部门，因此思考问题就更容易从本职工作或本部门出发，缺乏全局观念。在《第五项修炼》一书中，圣吉用了一个卖啤酒的例子来告诉读者，无论是啤酒制造商、批发商还是零售商，都不能只是局部地根据自己所获信息来进行决策，而应该要深入问题本质，具体分析造成某一现象的原因，只有这样才能找到问题的本源并做出正确决策。

理论评价与管理启示

《第五项修炼》作为一本经典的管理学著作，被《金融时报》称为"有史以来最伟大的五部工商巨著"之一，也被《哈佛商业评论》称为"过去75年来最有影响力的管理学图书"。它是所有当下研究工商管理的学者的必读书目之一。自该书1990年首次出版以来，已经过去了30多年，那么，这一理论在当今互联网时代有些什么样的现实意义呢？在如今万物互联的网络社会中，企业管理者又该如何理解其真谛，并将其有效运用于企业管理之中呢？

我们先来看看圣吉自己是怎么说的。

2017年7月28日在"第五项修炼系列中文版序"中，圣吉写道："尽管《第五项修炼》和其他相关著作，显然在西方有它们的历史成因，但最令我感到神奇的是，这些书对许多中国人来说，已经成为某种门径，开启了他们自己对管理和领导力的人本认知，开启了他们自己对于不同组织培育超越效率和利润的福祉做出真正承诺时，存在何种可能的人本认知。"[一]

从圣吉的观点来看，学习型组织显然已经成为组织领导力的重要组成部分。而且更为重要的是，它开启了管理者在追求组织效率和快速发展的同时，对于人本问题的思考。作为组织的管理者，追求组织的快速发展与成长本没有错，但是在组织发展过程中，领导者不能只见物不见人，忽视了人的发展。组织是由各种各样的人所组成的，如果离开了人的成长，那么组织的成长是不可能长久的，组织发展也成

[一] 圣吉.第五项修炼：学习型组织的艺术与实践[M].张成林，译.北京：中信出版集团，2018：20.

为一句空话。因此在组织不断学习发展的过程中，领导者绝不能忽视组织中成员的不断发展，在组织运营的过程中，要给组织成员创造各种学习的机会和可能，并且在组织中营造一种不断学习的氛围，从而使员工和组织共同成长。

在当今万物互联的时代，学习型组织的时代意义还有如下几点。

1. 适应当今时代的多变性

当今时代，随着科技迅速发展和社会不确定性的增加，"一切皆有可能"。但正因如此，企业发展也面临更加复杂的形势和更激烈的竞争。每一个组织如果不能积极主动地学习新知识，了解新情况，掌握新动态，并不断提升自己的能力，那么就会不进则退，不能获得更好的生存和发展，因而许多人被吸引到学习型组织的建设中来，他们不仅是要找到一种引领组织变革的方法，更重要的是要通过这种方法来建立组织的适应能力，提升企业的竞争能力，以更好地应对不断出现的变化。

2. 建立系统观

当今时代，系统思考的概念有着更加重要的意义。互联网将一切都连接起来，社会中发生的事情之间可以说都有着或明或暗、千丝万缕的联系。世界成为一张网，每时每刻都在进行各种连接。组织或个人要用系统的思维来分析每一个问题，用系统的概念来研究每一个现象，这样才能透过现象看本质，找到问题的关键所在，并提出创新性的举措。

3. 符合当今员工的需求

从管理学理论发展史的角度而言，员工在组织中的角色经历了不同发展阶段。在"泰勒制"时代，员工被视为组织机器上的一个零件，他的任务是高度集中统一地完成组织分配的各项工作，而这样对管理者而言便达到了目的。但是随即管理学者便发现，员工到一个企业来工作，除有经济需求之外，也有社会性需求，他们除了想通过自己的劳动获得经济报酬外，也想通过工作过程开展社交、获得尊重和友情，并实现自我价值。而到了当今知识经济和互联网时代，员工的需求又发生了变化。

当今时代，人力不仅是一种资源，而且是一种资本。员工在一个企业中工作，会因为社会压力而产生一种恐惧，生怕因为长期在一个单位、一个部门、一个岗位上工作，不能学到其他领域的知识和本领，这样以后在人才市场上就缺乏竞争力，而导致自己的人力资本贬值。学习型组织的创建恰恰可以解决员工的这一问题。组织在工作中随时随地注重创造各种学习环境和氛围，让员工在工作过程中不仅能付出，而且能得到，让他们的知识不断更新、能力不断提升、才干不断增长，这样今后他们在人才市场上就能有更大的竞争力，人力资本也就获得了增值。

学习型组织理论一经提出，便风靡世界。一方面，它在当时有概念上的新颖性，也不可否认自身名称的讨巧。哪个组织的领导人会说不要学习呢，或者哪个组织会拒绝打造成学习型组织呢？另一方面，学习型组织的许多概念也确实给企业组织的运作提供了新的视角。彼得·圣吉充分运用系统动力学的研究方法，对组织运行中以往司空见惯的思考方式和运作方式提出了令人耳目一新的见解，对于组织如何破除局部利益和本位主义、局部系统化思维，从理论上提出了一系列观点，获得了管理学界和企业领导者的高度重视。

CHAPTER 25

第二十五章

组织研究的新视角、新建构

　　管理学的魅力在于，它必须跟随或超越时代步伐，不断去发现组织中现存或未来有可能发生的问题，管理学者也必须针对企业管理实践中产生的环境、运营、人员管理、财务运作方面的各种新情况，运用自己的专业知识和研究成果，去尝试提出针对性的解决方案，并在此基础上提炼出新理论。因此，近年来针对企业运营过程问题的"流程再造"、针对知识经济和互联网时代员工激励问题的"阿米巴模式"、数字经济发展过程中的"平台经济模式"，以及吸纳了最新物理学研究成果的"量子管理"等新概念相继涌现。所有这一切，都是为了一个目的——更好地激发企业活力，提升企业管理成果和管理效率，使企业一方面为社会做出更大的贡献，另一方面自身也获得壮大。

流程再造理论

流程再造（business process reengineering，BPR）理论，有人更是称为企业再造理论，是1993年左右在美国出现的关于企业经营管理方式的一种新的理论和方法，这一理论在今天仍然有重要意义，而且企业可以说永远需要改革创新，永远需要某种意义上的再造。当今世界正遭遇百年未有之大变局，企业外部环境不断面临新的变化，因此内部流程也要根据新的经营需要不断进行创新，从而保持乃至不断提升企业竞争能力。

迈克尔·哈默
被称为"企业再造之父"

流程再造理论，按照其创始人原美国麻省理工学院教授迈克尔·哈默（Michael Hammer）与詹姆斯·钱皮（James Champy）提出的定义，是指"为了显著改善成本、质量、服务、响应速度等重大的现代企业的运营标准，对工作流程（business process）进行根本性重新思考并彻底改革"，也就是说，"重新审视，重新设计，从头改变"。哈默教授等指出，为了能够适应世界多变的竞争环境，企业必须摒弃那些已成惯例的传统运营模式和工作方法，以工作流程为中心，来重新设计企业的经营、管理及运营方式，以达到更高的运行效率。

詹姆斯·钱皮
公认的研究业务重组、组织变革和企业复兴等管理问题的世界权威

流程再造理论的产生有着很强的时代背景。20世纪六七十年代，企业间的竞争已很激烈，而

且随着信息化、科技化浪潮的兴起，企业开始面临更多和更大的挑战。这种挑战可以概括为"3C"：

- 顾客（customer）——随着商品的日益丰富，市场的主导权开始从企业转向顾客，而且随着生活水平的提高，顾客对商品的要求也越来越高。
- 竞争（competition）——随着技术进步，企业面临的竞争更加激烈，而这种竞争已逐渐不局限于本国，而是走向国际化。
- 变化（change）——这一特点在当时已经表现得非常明显，宏观经济、中观产业、微观企业经营等各层面都在变化，这就需要企业以变应变，彻底重整生产运营流程和组织架构体系，以保证企业具有较高的竞争力。

自从亚当·斯密提出劳动分工理论以来，企业流程管理一直遵照这一基本思路来安排。而在哈默和钱皮二位学者看来，在当今急剧变化和竞争激烈的环境下，企业不能以不变应万变，而是必须摒弃那些运用娴熟、已成惯例的经营模式和工作方法，在企业管理中以工作流程为中心，重新设计新的企业经营和工作模式，重新审视以往工作流程中所存在的问题，加以具体分析，然后彻底解决。企业流程再造是对以往的企业流程进行基本的再思考和再设计，以达到在成本、质量、服务和响应速度等多方面进行改进的目的。

流程再造首先具有根本性和彻底性两个特点。它不是以往的对企业生产运营流程的"小改小革"，而是根本性地进行重新审视和彻底变革，因此，流程再造同时还具有另外两个特点，即高风险和高收益。所以，进行流程再造时，企业主要领导者一定要有坚定的决心和坚韧不拔的毅力，同时企业员工还必须具有高度的执行力，这样才能切实推进。而且，在推进流程再造的过程中，企业领导者一定要认识到这绝非一种技术范畴的变革，而是必然伴随着整个企业的文化和员工行为的变革，对此必须给予高度重视。而一旦流程再造成功，就能在相当一段时间内使企业持续保持高竞争力，从而应对可能存在的风险。

阿米巴理论

虽然阿米巴理论的创建者稻盛和夫（1932—2022）并非西方人，但是因为日本属于发达国家，所以在经济概念上也可以算作"西方"，而阿米巴理论本身无论是在中国还是在世界其他国家，都具有不可忽视的影响力，因此本书也将其列入。

稻盛和夫
提出了阿米巴理论，日本著名企业家，日本的"经营之圣"

阿米巴理论近年可谓风行于企业界。日本、中国的诸多企业，乃至一些西方企业，都根据阿米巴理论的原理，对组织采取了彻底的重新设计和构建，获得了很好的效果。

阿米巴经营理论和模式，是日本著名企业家稻盛和夫先生提出的。稻盛和夫先生被誉为日本"经营之圣"，他1959年创办京都陶瓷株式会社（现在的京瓷公司），1984年创办第二电电企划株式会社（现名KDDI，是仅次于NTT的日本第二大通信公司)。这两家企业都进入过《财富》世界500强，所以稻盛先生是一手创建了两家《财富》世界500强企业的杰出企业家。尤其值得大书特书的是，稻盛和夫2010年以78岁高龄零工资出任日本航空公司董事长，仅仅一年就使破产重建的日航大幅度扭亏为盈，并创造了日航历史上最高利润，这个利润也是当年全世界航空企业中的最高利润，在世界经营史上被传为佳话。稻盛和夫1983年创办盛和塾，向企业家义务传授经营哲学，在中国和一些东南亚国家都有分部。㊀

稻盛和夫27岁时创办京都陶瓷，初创期公司才28个人。随着公司规模不断扩大，当员工人数达到200多人时，稻盛和夫开始感到管理力不从心。这也是很多企业所面临的问题。当公司规模小的时候，领导者走一圈、看几眼，公司所有的情况、问题都了然于胸，而在公司业务扩张，规模扩大，经营区域广泛、员工人数增多以后，纵使领导者有三头六臂也管不过来。这时的稻盛和夫就开始思索新的管理对策。他联想起了在鹿儿岛大学读书时所学到的神奇的阿米巴虫。所谓"阿米巴"(amoeba)又称变形虫，在拉丁语中是单个原生体的意思，属原生动物变形虫科，是一种极小的单细胞原生物，虫体赤裸而柔软，其身体可以向各个方向伸出伪足，使形体变化不定，故而得名"变形虫"。变形虫最大的特性是能够随外界环境的变化而变化，不断地进行自我调整来适应所面临的生存环境。这种生物由于其极强的适应能力，在地球上生存了几十亿年，是地球上最古老、最具生命力和延续性的生物体。

㊀ 在撰写本章过程中，传来稻盛和夫先生不幸逝世的消息，深感悲痛。笔者特别撰写了《我们该向稻盛和夫学习什么》(见期刊《复旦商业知识》2022年9月1日发文)表示深切悼念。

受此启发，根据阿米巴的原理，稻盛和夫将工厂、车间中的最小基层组织都划分为一个个阿米巴小组，每人都从属于自己的阿米巴小组，而每个阿米巴小组平均由 10 多人组成。每个阿米巴小组虽然只负责一道工序，但都是一个独立的利润中心，就像一个虚拟的小企业那样活动，虽然有些事情还需要经过上级同意，但是拥有一定的财权、经营权、用人权，经营计划、实绩管理、劳务管理等所有经营上的事情都由它们自行运作。每个阿米巴小组集生产、会计、经营运作于一体，再加上各个阿米巴小组之间具有极强的灵活性，能够随意分拆与组合，这样就能让公司对市场变化做出迅捷反应，很好地适应了当地企业经营竞争白热化的态势，取得了很大成功。日本航空公司能在一年之内扭亏为盈，阿米巴经营模式功不可没。

阿米巴经营模式虽然看起来道理不复杂，但是真的要做好却并不容易。首先，企业家要下很大的决心，敢于打破以往的管理模式，彻底实行基层小组企业化、企业总体平台化的策略。其次，要敢于放权，下放财务权、决策权、人事权。最后，还要做到不失控。因为企业权力下放以后往往就会形成失控的现象，陷入所谓"一放就乱，一乱就收，一收就死，一死再放"的怪圈。而且

> 阿米巴经营模式推行的诀窍：敢于打破以往的管理模式，敢于放权，还要做到不失控

在实行阿米巴管理模式之后，如何保持乃至增强企业的凝聚力，也是一个新的课题。

阿米巴经营模式有助于解决企业管理中长期存在的一个困惑：如何让员工像老板一样思考和工作。通常，企业老板和经营者总是对员工的工作状态不满，认为他们不尽心、不主动、不积极，操心的永远是老板一个人。而员工总觉得自己再努力、再积极，也不过是打工者的身份，所以难免当一天和尚撞一天钟。阿米巴经营模式能够较好地解决这一问题，运用体制和机制的创新，使员工的责、权、利进一步契合，有效激发员工的积极性和主人翁精神。

平台模式

近年来，企业组织的平台模式相关理论可谓风靡一时，几乎"无企业不平台"，很多企业都把打造平台作为企业组织战略的重要内容，在互联网和移动通信技术高速发展的背景下，不少企业借助平台概念取得了成功。但平台需要具备什么特征，是否创造一种交易契机、让其他各方借由这个契机或场景进行交易或互动就是一个平台，平台是否有通用的一些成功法则，平台是否成为组织形式当中的一种常态乃至制胜利器……这都是需要认真讨论的问题。

平台模式的出现，和互联网时代的大背景密不可分。最初的平台概念，一是指人们可以施展才能的一个舞台或是场景；二是指计算机软件或硬件的操作环境，通常和架构相关；三是指进行某项工作所需要的环境或条件。当然还有平台最基本的意思，即高于附近区域的某一块平面。

而我们现在所说的平台，通常是指一种商业模式。"平台商业模式"正在改变企业运营方式和商业生态，也正在不断改变现代人的生活。它深入大众的生活之中，电子商务、快递、共享汽车、第三方支付等各种业态，都已经越来越成熟地运用了平台商业模式。

平台商业模式，是指连接两个（或更多）特定群体，为它们提供互动机制，满足所有群体的需求并巧妙地从中盈利的商业模式。[一]它借助平台，一手牵两个或多个参与方，撮合彼此之间的交易，使双方获得盈利，并且自己也从中获利。它找到了连接供给方和需求方之间的契机，搭起了桥梁，使得供需双方的信息进一步对称，并且借助网络，低成本甚至无成本地让供需双方对接，从而建立商业机会并促成交易。例如美国的 eBay、中国的淘宝等，就是广为人知的平台企业。

需要强调的是，如果没有互联网的兴起和数字技术的运用，平台模式不可能得到大规模运用。互联网技术的普及，使得商家可以低成本甚至接近无成本地运用互联网来搭建起各种平台，而供需双方乃至多方也可以低成本地在网上完成交易全过程。

平台模式打破了科斯的企业理论中关于企业和市场存在分明界线的论断。从作用上看，它扮演的是市场的角色，主要用来沟通和实现人们的交互，并且可以打破时空界限，集聚全世界相关力量来进行商业运营；而从表现形式上看，它则往往以一个企业的形式呈现，以企业运作方式提供商业服务，并做到去中介化、去中心化和去层级化，在商业生态和组织结构中也有很多创新。但因为平台商业模式还在不断发展之中，还缺乏成熟理论来加以支撑，尤其是涉及诸如平台企业

[一] 陈威如，余卓轩.平台战略：正在席卷全球的商业模式革命[M].北京：中信出版社，2013.

的战略态势、平台企业的组织结构、平台企业的人力资源等，还有很多新的问题等待研究，因此在管理思想发展史上，它还是一种"进行时"而不是"完成时"，必然还将进一步发展。

量子管理学说

把量子管理学说的有关内容放入本书，我是有点犹豫的。因为和其他管理思想相比，量子管理的理念还远没有被大家所接受，即便是管理学研究者，很多也不知道量子管理究竟是在讲什么，相关的著作和论文也不多见。但为了能将管理学者对于管理思想的最新构建介绍给读者，我还是加上相关内容。

丹娜·左哈尔
量子管理学的奠基人，被称为"融合东西方智慧的当代思想家"

提到量子管理，必须提到一位来自英国的企业管理专家丹娜·左哈尔（Danah Zohar）。她是量子管理学的奠基人，被称为"融合东西方智慧的当代思想家"，也被《金融时报》誉为当今世界最伟大的管理思想家之一。她在麻省理工学院获得物理和哲学学位，此后在哈佛大学获得哲学、宗教及心理学博士学位。她创造性地将量子物理学引入人类历史心理学和组织领域，著有《量子自我》《量子社会重塑》《企业大脑》《高魂商》等畅销书，并为众多企业提供组织管理等方面的咨询。

要了解量子管理，首先要了解量子物理学以及量子思维。量子物理学是研究原子甚至更微小粒子运行的科学。牛津大学量子信息学教授弗拉斯科·维德拉尔（Vlasko Vidral）认为："很少有现代物理学家认同牛顿物理学可以和量子物理学相提并论，即便是在日常生活的真实世界中也是如此，牛顿的理论只是一种近似，在任何尺度上世界都是量子的。"㊀

在左哈尔教授看来，量子管理学的根本意义是要用"量子世界观"来看待世界上一切事物。"新的量子世界观意味着很多不同的新观念——强调整体而不是部分；强调关联而非分离；强调两种或多种方法而不是非此即彼、只有一种最好的方法；强调问题而非答案；强调事物的潜力，而不仅仅关注当下的表现；强调思想上的谦卑；强调统一性而不是碎片化；强调复杂性而非简单化。"㊁因此，如果有了这样的思维和视角，我们对世界万事万物的看法就和传统的看法截然不同，而相应的管理思维和方式也就完全不同。

对于量子管理，左哈尔教授列出其范式的11个特点：

> 在《量子领导者》一书中，丹娜·左哈尔教授融合东西方智慧，深入剖析了为什么传统商业系统如今不再奏效，对比了牛顿式管理和量子管理模式的优劣

㊀ 左哈尔.量子领导者：商业思维和实践的革命[M].杨壮，施诺，译.北京：机械工业出版社，2017：6.

㊁ 同㊀：103.

- 不确定性；
- 快速变化，不可预测；
- 非层级制；
- 多功能的整体（集成）；
- 权力分散化；
- 员工是创造性的合伙人；
- 从 A 到 B 之间有多种路径的多元视角；
- 合作；
- 灵活响应，放权；
- 关系管理和价值驱动；
- 自下而上（"实验"）。

如果我们认同这 11 个特点，那么说明它确实符合当今社会的很多场景和组织变化的需求。虽然许多管理学者也从不同角度提出了当今社会组织管理中存在的这些变化，但是左哈尔教授把它提升到一种哲学的高度、一种世界观的高度、一种思维结构的高度。而从这种高度出发，对组织、对管理乃至对世界的认知都会发生改变，进而构建起对整个管理理论和方式的颠覆性创新。

如果仅就上述 11 个特点而言，我同意左哈尔教授对量子管理及其领导力基本范式的阐述，但这样一种范式的变化是否能提升到量子管理学的高度，乃至成为一种全新的管理学理论，还有待进一步研究。而且，量子管理学的有效性也需要更多的企业管理实践来加以验证。

管理人不可不读的经典
"华章经典·管理"丛书

书名	作者	作者身份
科学管理原理	弗雷德里克·泰勒 Frederick Winslow Taylor	科学管理之父
马斯洛论管理	亚伯拉罕·马斯洛 Abraham H.Maslow	人本主义心理学之父
决策是如何产生的	詹姆斯 G.马奇 James G. March	组织决策研究领域最有贡献的学者
战略管理	H.伊戈尔·安索夫 H. Igor Ansoff	战略管理奠基人
组织与管理	切斯特·巴纳德 Chester Lbarnard	系统组织理论创始人
戴明的新经济观（原书第2版）	W. 爱德华·戴明 W. Edwards Deming	质量管理之父
彼得原理	劳伦斯·彼得 Laurence J.Peter	现代层级组织学的奠基人
工业管理与一般管理	亨利·法约尔 Henri Fayol	现代经营管理之父
Z理论	威廉 大内 William G. Ouchi	Z理论创始人
转危为安	W.爱德华·戴明 William Edwards Deming	质量管理之父
管理行为	赫伯特 A. 西蒙 Herbert A.Simon	诺贝尔经济学奖得主
经理人员的职能	切斯特 I.巴纳德 Chester I.Barnard	系统组织理论创始人
组织	詹姆斯·马奇 James G. March	组织决策研究领域最有贡献的学者
论领导力	詹姆斯·马奇 James G. March	组织决策研究领域最有贡献的学者
福列特论管理	玛丽·帕克·福列特 Mary Parker Follett	管理理论之母

彼得·德鲁克全集

序号	书名	序号	书名
1	工业人的未来 The Future of Industrial Man	21 ☆	迈向经济新纪元 Toward the Next Economics and Other Essays
2	公司的概念 Concept of the Corporation	22 ☆	时代变局中的管理者 The Changing World of the Executive
3	新社会 The New Society: The Anatomy of Industrial Order	23	最后的完美世界 The Last of All Possible Worlds
4	管理的实践 The Practice of Management	24	行善的诱惑 The Temptation to Do Good
5	已经发生的未来 Landmarks of Tomorrow: A Report on the New "Post-Modern" World	25	创新与企业家精神 Innovation and Entrepreneurship
6	为成果而管理 Managing for Results	26	管理前沿 The Frontiers of Management
7	卓有成效的管理者 The Effective Executive	27	管理新现实 The New Realities
8 ☆	不连续的时代 The Age of Discontinuity	28	非营利组织的管理 Managing the Non-Profit Organization
9 ☆	面向未来的管理者 Preparing Tomorrow's Business Leaders Today	29	管理未来 Managing for the Future
10 ☆	技术与管理 Technology, Management and Society	30 ☆	生态愿景 The Ecological Vision
11 ☆	人与商业 Men, Ideas, and Politics	31 ☆	知识社会 Post-Capitalist Society
12	管理:使命、责任、实践(实践篇)	32	巨变时代的管理 Managing in a Time of Great Change
13	管理:使命、责任、实践(使命篇)	33	德鲁克看中国与日本:德鲁克对话"日本商业圣手"中内功 Drucker on Asia
14	管理:使命、责任、实践(责任篇) Management: Tasks, Responsibilities, Practices	34	德鲁克论管理 Peter Drucker on the Profession of Management
15	养老金革命 The Pension Fund Revolution	35	21世纪的管理挑战 Management Challenges for the 21st Century
16	人与绩效:德鲁克论管理精华 People and Performance	36	德鲁克管理思想精要 The Essential Drucker
17 ☆	认识管理 An Introductory View of Management	37	下一个社会的管理 Managing in the Next Society
18	德鲁克经典管理案例解析(纪念版) Management Cases(Revised Edition)	38	功能社会:德鲁克自选集 A Functioning Society
19	旁观者:管理大师德鲁克回忆录 Adventures of a Bystander	39 ☆	德鲁克演讲实录 The Drucker Lectures
20	动荡时代的管理 Managing in Turbulent Times	40	管理(原书修订版) Management (Revised Edition)
注:序号有标记的书是新增引进翻译出版的作品		41	卓有成效管理者的实践(纪念版) The Effective Executive in Action